Cartas de
Claudio Monteverdi

FUNDAÇÃO EDITORA DA UNESP

Presidente do Conselho Curador
Herman Jacobus Cornelis Voorwald

Diretor-Presidente
José Castilho Marques Neto

Editor-Executivo
Jézio Hernani Bomfim Gutierre

Conselho Editorial Acadêmico
Alberto Tsuyoshi Ikeda
Célia Aparecida Ferreira Tolentino
Eda Maria Góes
Elisabeth Criscuolo Urbinati
Ildeberto Muniz de Almeida
Luiz Gonzaga Marchezan
Nilson Ghirardello
Paulo César Corrêa Borges
Sérgio Vicente Motta
Vicente Pleitez

Editores-Assistentes
Anderson Nobara
Henrique Zanardi
Jorge Pereira Filho

Cartas de Claudio Monteverdi (1601-1643)

Tradução, notas e apresentação

Ligiana Costa

© 2011 da tradução brasileira

Fundação Editora da Unesp (FEU)
Praça da Sé, 108
01001-900 – São Paulo – SP
Tel.: (0xx11) 3242-7171
Fax: (0xx11) 3242-7172
www.editoraunesp.com.br
www.livrariaunesp.com.br
feu@editora.unesp.br

CIP – Brasil. Catalogação na fonte
Sindicato Nacional dos Editores de Livros, RJ

M79c

Monteverdi, Claudio, 1567-1643
 Cartas de Claudio Monteverdi (1601-1643) / Claudio Monteverdi; tradução, notas e apresentação Ligiana Costa. – São Paulo: Editora Unesp, 2011.
 240 p.

Inclui índices
ISBN 978-85-393-0152-2

1. Monteverdi, Claudio, 1567-1643 – Correspondência. 2. Compositores – Itália – Correspondência. 3. Música – História e crítica. 4. Cultura – História 2. Ópera – História e crítica. 6. Renascença. I. Costa, Ligiana. II. Título.

11-4210.   CDD: 780.9
                                                                      CDU: 78(09)

Obra Publicada com a contribuição do Istituto Italiano di Cultura de São Paulo para a tradução.

Editora afiliada:

Sumário

Apresentação . *VII*

Cartas de Claudio Monteverdi (1601-1643) . *1*

Índice dos destinatários . *215*

Índice onomástico . *219*

Apresentação

Sou sim uma planta verde, mas daquela natureza
que não produz nada além de folhas e flores sem
nenhum odor.[1]

Sobre Claudio Monteverdi (1567-1643)

"Monteverdi, criador da música moderna",[2] "Monteverdi
e o fim da Renascença".[3] Estes são títulos emblemáticos de
importantes trabalhos musicológicos dedicados ao compositor
cremonês que refletem de imediato a importância histórica e
artística do chamado "Divino Claudio", nas palavras de Gabriele
D'Annunzio. Considerado pelos estudiosos o grande divisor de
águas entre a chamada Renascença e o Barroco, Claudio Monteverdi se caracteriza também por se aprofundar em práticas
musicais completamente opostas umas das outras, do madri-

---

1 Monteverdi em sua carta de 22 de outubro de 1633.
2 Schrade, L. *Monteverdi, Creator of Modern Music.* W.W. Norton, 1950.
3 Tomlinson, G. *Monteverdi and the End of the Renaissance.* Cambridge:
Cambridge University Press, 2007.

gal quinhentista à ópera (gênero no qual é tido com um dos inventores), da monodia à invenção e teorização da chamada *Seconda pratica*. Mas é algo muito maior que domínio e invenção o que marca a presença na história da música de Claudio Monteverdi: é o incansável desejo de falar do humano para o humano e da forma mais verdadeira e direta possível. É aquela faísca do divino que habita alguns seres musicais deste planeta, como Bach, Wagner ou Villa-Lobos, que faz de uma produção musical algo eterno e atemporal.

Claudio Monteverdi nasce em Cremona, norte da Itália, em 1567, de uma família sem tradições musicais. Inicia seus estudos com Marc'Antonio Ingegneri, primeiro como cantor e violista e em seguida como compositor, tendo aos 15 anos seu primeiro livro impresso,[4] contendo motetos sacros e devocionais a três vozes. Aos 22 anos, ele é admitido como instrumentista na corte dos Gonzaga — uma das famílias com maior interesse e abertura em apoiar as artes da Itália daquele período —, em Mântua, a 67 quilômetros de sua cidade natal. Acompanhando o duque regente, Vincenzo, Monteverdi viaja para a Hungria[5] e no ano seguinte, 1596, após a morte do então maestro de capela da corte Giaches de Wert, ele pleiteia o cargo vago, sem sucesso. Em 1599, mesmo ano de seu casamento com a cantora da corte Claudia Cattaneo, Monteverdi realiza mais uma viagem na comitiva do duque, dessa vez para Flandres; nessa ocasião, toma contato com o *"canto alla francese"*, decisivo na criação de seu estilo pessoal.

---

4 *Sacrae cantiunculae tribus vocibus*, impresso em Veneza por Angelo Gardano em 1582.

5 Viagem comentada por Monteverdi em sua carta de 2 de dezembro de 1608, quando se lamenta dos gastos extras que teve nesta viagem.

Cartas de Claudio Monteverdi

Em 1600, depois da publicação de três de seus oito livros de madrigais, Monteverdi se vê envolvido em uma querela teórica e estilística com o teórico canônico Giovanni Maria Artusi, que publica em seu *Delle imperfetioni della moderna musica*[6] [Das imperfeições da música moderna] críticas severas à desobediência do compositor cremonês às regras tradicionais de composição. O próprio Claudio nunca respondeu às críticas, como veremos adiante, mas seu irmão, o também compositor Giulio Cesare Monteverdi, tomou a palavra e escreveu um apêndice aos *Scherzi amorosi* (1607), no qual enuncia a sentença que imortalizou a estética monteverdiana: "a intenção [de Claudio] era (neste gênero de música) fazer com que a oração [a palavra] seja senhora da harmonia e não serva".

Em 1601, ano também do nascimento de seu primeiro filho, Francesco, mais uma vez fica vago o posto de maestro de música da corte dos Gonzaga. Monteverdi o pleiteia,[7] finalmente com sucesso. Tornando-se responsável por toda a produção musical da corte, da prática à composição, da música de teatro à eclesiástica, Monteverdi começa a fixar seu nome entre os grandes compositores da Itália. A partir de 1600, diversos experimentos seriam realizados pela Itália (especialmente em Roma e Florença), que caracterizariam o nascimento do gênero mais duradouro de teatro musical da história, a ópera. Claudio Monteverdi dá a esse advento seu toque de gênio definitivo e escreve para o Carnaval de 1607 a *favola in musica*, *Orfeo*, com libreto de Alessandro Striggio (que se tornaria seu grande parceiro e confidente, como podemos verificar nas cartas). Com

---

6 Impresso em Veneza, por Giacomo Vincenti, em 1600.

7 Ver carta de 28 de novembro de 1601.

IX

Claudio Monteverdi

a preocupação de que o público compreendesse e usufruísse da poesia e da trama dramática, libretos foram impressos e entregues individualmente, fato simbólico na compreensão da relação de Monteverdi com a palavra. No mesmo ano da execução do *Orfeo*, Monteverdi é surpreendido pela morte de sua esposa e se encontra sozinho e responsável por duas crianças.

Já no ano seguinte ao *Orfeo*, em ocasião do casamento entre Francesco Gonzaga (filho do duque Vincenzo) e Margherita de Savoia, Monteverdi compõe e dirige a *Arianna* [Ariadne], com libreto de Ottavio Rinuccini. Dessa peça, para a angústia de estudiosos e amantes da música e do teatro, perdeu-se toda a música, com exceção do consagrado lamento da personagem homônima, que circulou em manuscritos por toda a Europa desde o dia seguinte de sua execução.

Apesar da abertura de possibilidades musicais em Mântua, Monteverdi tinha muito do que se lamentar: salário baixo demais e problemas sérios em recebê-lo nos prazos combinados. Por isso, em 1610, escreve uma missa e as famosas *Vésperas da Beata Virgem*, dedicadas ao papa Paulo V. Monteverdi vai até Roma na tentativa de entregá-las em mãos ao próprio papa, certamente na esperança de obter um novo posto e tentar uma vaga gratuita para seu filho Francesco no Seminário Romano. Nenhum dos dois objetivos é atingido e Monteverdi volta para Mântua passando por Florença, tomando contato com outras realidades musicais.[8] Dois anos depois, morre o duque Vincenzo, Claudio e Giulio Cesare Monteverdi são demitidos e retornam a Cremona. Meses depois, o sucessor da corte dos Gonzaga (duque Francesco) também falece. Depois de algumas tentativas frustradas de

---

8 Carta de 28 de dezembro de 1610.

Cartas de Claudio Monteverdi

obter postos como maestro de capela, Monteverdi é convidado a fazer uma audição como teste para o posto na igreja de São Marcos, de Veneza, e no mesmo ano (1613) começa a servir à sereníssima república.[9]

Autonomia, estabilidade financeira e valorização de seu trabalho são as constantes nessa nova fase do compositor cremonês que tem, a partir de então, alguns de seus livros de madrigais reeditados. Ele não perde o contato com a corte dos Gonzaga e, em diversas ocasiões, serve de agente para idas e vindas de cantores, instrumentistas e atores entre Veneza e Mântua, como podemos observar em certas cartas. Em 1616, é procurado para escrever a música para as bodas de Ferdinando Gonzaga e Caterina de' Medici, porém tal composição nunca se concluiu. A situação provocou a elaboração da carta a Alessandro Striggio de 9 de dezembro de 1616, um documento fundamental na compreensão da poética e da dramaturgia de Monteverdi.

Uma questão quase fixa nas cartas e nas lamentações monteverdianas é a não efetuação de uma pensão que lhe teria sido deixada pelo duque Vincenzo; por anos e anos, Monteverdi reivindica esse direito e em 1619 dedica seu *Settimo libro dei madrigali* a Caterina de' Medici, duquesa de Mântua, certamente com a esperança de ver esse imbróglio resolvido. Mas esse livro é muito mais que isto; trata-se da cristalização definitiva da densidade dramática de Monteverdi e de seu modo de pôr em prática o *stile recitativo* com a apariação das *Lettere amorose*.

O ano de 1627 é marcado pela prisão de seu filho Massimiliano pela Inquisição, por este ter lido um livro proibido,

---

9 A ida de Monteverdi até Veneza é um tanto anedótica e narrada por ele na carta de 12 de outubro de 1613.

XI

fato que acarretará seguidas inquietações para Monteverdi. No mesmo ano, concretiza-se uma parceria importante (nunca porém efetivada em cena) com o poeta e membro da Accademia degli Incogniti, Giulio Strozzi. Três anos mais tarde uma epidemia de praga chega a Veneza e mata mais de 50 mil pessoas. Alguns estudiosos acreditam que Alessandro Striggio (parceiro e amigo de Monteverdi) tenha levado a doença para a sereníssima quando se dirigia à cidade para uma missão diplomática. O fato é que o próprio Striggio falece em Veneza e Monteverdi faz uma promessa de peregrinar até Loreto caso sobreviva. Não se sabe se por fatores ligados a uma segurança financeira ou se puramente espirituais, mas dois anos depois desses fatos Claudio Monteverdi torna-se sacerdote.

Durante os anos 1630, o compositor tenta se dedicar ao seu prometido tratado musical, que nunca seria concluído, atraindo inclusive a atenção e a expectativa do teórico Giovanni Battista Doni, que diz em carta ao também teórico Marin Mersenne aguardar o tratado *Nuova seconda pratica di musica*. O tratado nunca existiu, mas, em 1639, Monteverdi apresenta ao público sua mais ousada coleção de madrigais, o *Oitavo livro: madrigais guerreiros e amorosos* –, com um prefácio tido por vários estudiosos como uma das grandes fontes para a compreensão da linguagem musical monteverdiana. Neste, o compositor cremonês demonstra seu pertencimento ao passado e ao futuro, publicando – em uma década na qual o gênero madrigal polifônico praticamente já não mais existia – um livro de madrigais que dialoga com todas as formas de música vocal da época e ainda traz uma novidade: o *stile concitato*, posto em prática no *Combattimento di Tancredi e Clorinda* [Combate entre Trancredo e Clorinda], encenado pela primeira vez em 1624, extraído da

XII

Gerusalemme liberata [Jerusalém libertada], de Torquato Tasso, e publicado com outras peças também teatrais nesse *Oitavo livro*.[10]

Entre 1640 e 1641 Monteverdi publica seu maior compêndio de música sacra, a *Selva morale e spirituale*. Esses são anos de grande efervescência na vida musical veneziana. Em 1637, inaugura-se a primeira temporada de ópera com bilheteria da história. O novo gênero passa a ser acessível a um público mais amplo e não mais somente aos convidados da corte. Veneza, no final do século XVII, se torna a maior produtora desse gênero de teatro musical, chegando ao fim do século com mais de seis teatros de ópera estáveis. Em 1640, Monteverdi compõe, com libreto de Giacomo Badoaro baseado na *Odisseia*, *Il ritorno d'Ulisse in Patria* para o Teatro San Cassiano. No mesmo ano, ocorre uma reedição da *Arianna* na inauguração do Teatro San Moisè.

É curioso observar o contraste entre a obra inquieta, ousada e à frente de seu tempo desse compositor e a sua personalidade plácida e quase resignada, nítida em suas cartas. Em 1643, Monteverdi nos brinda com sua última obra, *La coronazione di Poppea*, primeira ópera com temática histórica e a grande "glorificação da luxúria e da ambição", segundo Ellen Rosand.[11] No mesmo ano, depois de uma viagem à Lombardia (inclusive na esperança incansável de obter sua pensão mantovana), Mon-

---

10 Sobre o oitavo livro recomendamos, na bibliografia disponível em português, o artigo de Maya Lemos, Da poética e dos contrários: releituras no *Combattimento di Tancredi et Clorinda* de Tasso/Monteverdi. *Debates: Cadernos do Programa de Pós-graduação em Música*, CLA/Unirio, Rio de Janeiro, n.11, p.8-28, 2008.

11 Rosand, E. *Opera in the Seventeenth-Century Venice, the Creation of a Genre*. Berkeley: University of California Press, 1991.

XIII

Claudio Monteverdi

teverdi morre em Veneza e é sepultado na Basílica dei Frari, na capela lombarda, por ser desta nacionalidade.

Como outros grandes nomes da história da música, a fortuna da obra de Claudio Monteverdi teve que esperar pelo interesse de estudiosos que, a partir do século XVIII, iniciaram um longo resgate de sua obra. Consta, por exemplo, uma curiosa passagem em que Giuseppe Verdi faz para Arrigo Boito uma lista de compositores que se encaixariam em modelos didáticos para jovens compositores e o nome de Monteverdi é citado; porém, exatamente como único modelo a não seguir. Em 1929, aparece a primeira *Opera Omnia* monteverdiana (atualmente considerada ultrapassada), organizada, transcrita e publicada por Gian Francesco Malipiero. Esse foi o primeiro passo para que estudiosos de diversas nacionalidades se interessassem pela obra e vida desse compositor cremonês e para que, com o advento da interpretação histórica, o nome de Monteverdi voltasse a circular e a soar em salas de concerto, teatros e vozes contemporâneas.

As cartas e os destinatários

> Perdoe-me se muito me prolonguei, mas a minha ignorância não me deixou aprender a ser conciso.[12]

A correspondência de Claudio Monteverdi é definitivamente uma das poucas fontes, com os prefácios de seus livros impressos, de acesso ao pensamento monteverdiano. Assim como

---

12 Carta de 10 de setembro de 1609.

outros contemporâneos seus, Monteverdi tem uma linguagem muitas vezes complexa, misturando o italiano coloquial com algumas expressões dialetais, praticamente nunca pontuando e alterando a grafia de nomes algumas vezes. Uma grande parte dessas cartas não continha os nomes dos destinatários. De suma importância para o esclarecimento desse fator foram os trabalhos de Éva Lax[13] e Denis Stevens.[14] No final desta edição segue uma lista de destinatários e algumas informações destes.

As cartas de Monteverdi não se encontram todas em um só arquivo, grande parte delas é conservada nos "Arquivos Gonzaga" dos Arquivos de Estado de Mântua, e as demais estão dispersas entre arquivos romanos, venezianos, florentinos, napolitanos, bolonheses, parisienses e novaiorquinos.

Sobre esta edição

Esta é a primeira edição completa das cartas monteverdianas em português. Usamos como texto-base as transcrições feitas por Éva Lax em sua edição italiana e a transcrição da edição bilíngue francesa feita por Annonciade Russo,[15] além da tradução em inglês feita por Denis Stevens. As notas são de nossa autoria, com suporte das edições citadas e da bibliografia exis-

---

13 Monteverdi, C. *Lettere* (editado por Éva Lax). Florença: Leo S. Olschki Editore, 1994.

14 Monteverdi, C. *The Letters of Claudio Monteverdi*. Trad. e introdução de Denis Stevens. Oxford/Nova York: Oxford University Press/ Clarendon Press, 1995.

15 Monteverdi, C. *Correspondences, préfaces, épîtres dédicatoires*. Trad. de Annonciade Russo. Sprimont: Mardaga, 2001.

XV

Claudio Monteverdi

tente, especialmente o estudo de Paolo Fabbri.[16] A tradução em português primou em manter o estilo, muitas vezes confuso e exageradamente prolixo, de Monteverdi e ao mesmo tempo dar ao leitor uma versão clara do texto. Por isto, adotamos em muitos casos a pontuação e os parágrafos sugeridos por Éva Lax em sua edição. Assim como as outras edições e traduções dessas correspondências, foi mantida a ordem cronológica como padrão.

Agradecemos ao Istituto Italiano di Cultura de São Paulo pelo precioso apoio a esta edição; a Fábio Maciel, Irineu Franco Perpetuo e Francesca Cricelli pelas reflexões sobre a tradução; a André Mehmari pela generosidade, a Celso Araújo e Maya Lemos pelas leituras e à Editora Unesp, que mais uma vez abriu suas portas para um texto que consideramos de suma importância na história das culturas.

Ligiana Costa
Maio de 2011

---

16 Fabbri, P. *Monteverdi*. Turim: Edt, 1985.

Cartas de Claudio Monteverdi
(1601-1643)

MÂNTUA, 28 DE NOVEMBRO DE 1601

Ao duque Vincenzo Gonzaga, Kanitzsa

Sereníssimo senhor, meu senhor estimadíssimo,

Se eu não corresse para pedir junto à boa graça de vossa alteza sereníssima com minha própria voz, por ocasião da morte de Pallavicino, o título que o senhor Giaches possuía na música, talvez, para meu pesar, a inveja no que diz respeito a outros poderia, mais oratória que musicalmente, com tais maneiras óbvias, deixar uma má impressão na boa mente de sua alteza sereníssima em relação a mim, deixá-la crer que isso nascesse de algum temor de incapacidade minha ou de alguma exagerada autoestima e que assim estaria esperando ambiciosamente aquilo que deveria (como modesto servo que sou) com especial humildade pedir afetuosamente e tentar. Se, igualmente, eu não mais procurasse ter a oportunidade de servir a vossa alteza sereníssima, especialmente agora que a ocasião se apresenta, vossa alteza teria um argumento especial para se lamentar com propriedade de uma servidão negligente da minha parte e, com meu modesto saber, para bons fins, não buscando maiores meios de mostrar ao finíssimo gosto de vosso ouvido alguns motetos e missas de pouco valor, vossa alteza poderia se queixar de mim com justa razão. E, finalmente, o mundo, vendo-me perseverar em servir vossa alteza seteníssima com meu grande zelo e vossa boa graça após a morte do famoso senhor Striggio[1] e após aquela do excelente senhor Giaches[2] e ainda, a terceira, aquela do excelente senhor Franceschino[3] e, finalmente, ainda após esta do honrável monsenhor Benedetto Pallavicino; e se eu não buscasse (não por mérito de virtude, mas por mérito da fiel e singular devoção que sempre tive em servir vossa alteza seteníssima) o lugar agora vazio nessa parte da igreja e que, em todos os sentidos, não pedisse, com grande insistência e humildade, o dito título, com razão, o mundo poderia lamentar a minha negligência.

Por todas as razões aqui ditas, e por aquelas que, talvez para minha grande sorte, vossa bondade possa acrescentar, não tendo nunca desdenhado ao ouvir minhas humildes composições, eu vos peço em súplica para ser o maestro de câmara e de igreja. Se eu for digno de vossa bondade e graça, eu o receberei com aquela humildade que convém a todo modesto servidor quando vem agraciado e favorecido por um grande príncipe, como o é vossa alteza seteníssima; à qual me inclino e faço humilíssima reverência, implorando a Deus, a cada dia, as vossas maiores alegrias que um servo devoto e fiel pode desejar com grande afeto ao seu senhor.

Humilíssimo e gratíssimo servidor de vossa alteza seteníssima
Claudio Monteverdi

---

1 Alessandro Striggio (c.1537-1592).
2 Giaches de Wert (1535-1596).
3 Francesco Rovigo (1541 ou 1542-1597).

Cartas de Claudio Monteverdi

MÂNTUA, 27 DE OUTUBRO DE 1604
Ao duque Vincenzo Gonzaga, Casale Monferrato

Serveníssimo senhor e meu patrão estimadíssimo,

Como último recurso, convém-me recorrer à infinita bondade de vossa alteza sereníssima, pois é esta que, finalmente, pode executar vosso desejo em relação aos pagamentos a mim concedidos por sua graça.

Venho por isso aos vossos pés, com a maior humildade que me é possível, suplicar-lhe que direcione seu olhar não à minha (talvez) ousadia em vos escrever, mas à grande necessidade em fazê-lo, causa pela qual escrevo; não sobre o senhor governador que muitíssimas vezes deu à comissão seu acordo, amorosíssima e cortesmente, mas sobre o Bel'Intento,[4] que nunca quis executar vossa ordem a não ser a seu bel-prazer, e que, quando se decidia em fazê-lo, precisei quase ser-lhe mais subserviente do que o sou à infinita bondade de vossa alteza sereníssima que agracia (por sua infinita bondade) até mesmo servidores de pouco mérito, como o sou eu mesmo frente ao olhar de grande mérito de vossa alteza sereníssima; ele se comportou com má educação comigo quando não quis fazer-me tal pagamento.

Esta presente carta não possui outro fim além de suplicar a vossa alteza sereníssima que conceda que eu receba tais pagamentos, que correspondem a cinco meses, situação em que se encontra também minha esposa Claudia e meu sogro. E essa soma cresce ainda mais frente à falta de esperança dos pagamentos futuros, salvo sob a ordem especial de vossa alteza

---

4 Refere-se aqui a Ottavio Benintendi, tesoureiro da corte.

Claudio Monteverdi

sereníssima; sem tal fundamento, toda a minha obra estará fadada à decadência e à ruína, pois dia a dia se sobrepõem danos os quais não possuo meios de reparar.

Todavia, para obter tais pagamentos, pelo menos de um único mês, se não de todos, empreguei preces, humildade e educação, dia e noite. Em virtude desse esforço, perdi e venho perdendo quase todo o tempo de meus estudos que devo dedicar, por gosto e necessidade, a vossa alteza sereníssima, encontrando-me em tal cargo como sou por vossa alteza agraciado e não posso, todavia, ficar sem receber nada. Se eu for digno de ser agraciado pela bondade infinita de vossa alteza sereníssima, que eu peço, suplico-lhe com o maior sentimento que possuo em meu coração, que me conceda uma ordem de pagamento, mas não somente por esta vez, pela qual ficarei já imensamente grato, mas para cada vez que eu não for pago pelas mãos do Bel'Intendi,[5] pois sei que vossa alteza sereníssima não poderia nomear outra pessoa, que não ele, para me dar alguma satisfação, ao menos em palavras se não em fatos, ao menos em honra se não em efeito, ao menos uma vez se não sempre (e não compreendo a causa pela qual este homem vai usando de tais modos comigo).

Se tais graças fossem também estendidas ao Viadana, ficaríamos ambos satisfeitíssimos. Seguro da infinita bondade de vossa alteza sereníssima e dos muitos outros favores recebidos e graças atendidas, espero que também este pedido feito a vossa alteza sereníssima venha a ser aceito. Em virtude das tais graças e favores, eu, não podendo fazer outra coisa, suplico ao Nosso

---

5 Benintendi, ver nota anterior.

Senhor pela conservação longa de vossa alteza sereníssima, à qual me inclino e humilissimamente faço reverência.

Humilíssimo e gratíssimo servidor de vossa alteza sereníssima
Claudio Monteverdi

CREMONA, DEZEMBRO DE 1604
Ao duque Vincenzo Gonzaga, Mântua

Meu sereníssimo senhor e patrão estimadíssimo,

Há dez dias recebi pelo correio uma carta de vossa alteza sereníssima, na qual me pedia que fizesse duas entradas: uma para as estrelas que devem seguir a Lua, e outra para os pastores que vêm logo após Endimião, e ainda dois balés, um somente para as estrelas já citadas e outro para as estrelas e os pastores juntos.

Assim — com um desejo ardente de obedecer e servir prontamente às ordens de vossa alteza sereníssima, como sempre tive e fiz e terei até minha morte e farei sempre —, pus-me a fazer primeiro o balé das estrelas, mas não encontrando nas instruções o número de quantas estrelas dançam e querendo fazer intercalado, como me parece que seria novo, belo e agradável, ou seja, fazendo tocar primeiro com todos os instrumentos uma ária alegre e curta e dançada por todas as estrelas igualmente, depois, de repente, os cinco violas *da braccio* tocando uma ária diferente da acima (os outros instrumentos tendo parado de tocar), dançando somente duas das estrelas (as outras ficariam em cena) e, no final deste duo novamente se retomaria a primeira ária com todos os instrumentos e estrelas seguindo esta ordem, até que tenham dançado duas a duas todas as estrelas;

mas não tendo recebido o dito número e o mesmo sendo necessário (isto se tal tipo de invenção intercalada for do agrado de vossa alteza sereníssima), portanto, até que eu o saiba, deixei-o de lado e para sabê-lo escrevi ao coreógrafo senhor Giovanni Battista Bailarino para que possa me dar o número exato, por meu irmão.[6] Nesse meio-tempo, compus o balé dos pastores e das estrelas, o qual envio agora a vossa alteza sereníssima.

Eu o compus, meu senhor sereníssimo, com aquele bom afeto de sempre e com a usual pronta vontade em servi-lo que sempre tive e sempre terei, porém já não mais com a obediência das minhas forças usuais e prontas ao meu desejo que tive no passado, que ainda se encontram enfraquecidas pelas fadigas passadas e tão fracas que nem mesmo remédios, ou dieta, ou deixar de lado os estudos fizeram-nas retornar ao seu vigor original; somente em parte. No entanto, confio ao Senhor a minha recuperação e, assim que esta se realizar, se Sua Divina Majestade quiser, suplicarei a vossa alteza sereníssima que, pelo amor de Deus, não me sobrecarregue nunca mais de tantas tarefas de uma só vez, nem com tanta brevidade de tempo, que certamente, com meu grande desejo em servir-lhe e o grande cansaço, desapercebidamente tirariam com brevidade a minha vida a qual, vivendo mais longamente, poderá servir a vossa alteza sereníssima e ser útil aos meus pobres filhos.[7]

Assim sendo que, sereníssimo senhor, se vossa alteza sereníssima não se achasse servida por mim nem no que diz respeito à beleza nem à rapidez, como talvez vossa senhoria

---

6 Giulio Cesare Monteverdi (1573-c.1630).

7 Francesco Baldassare (nascido em 1601) e Massimiliano Giacomo (nascido em 1604).

Cartas de Claudio Monteverdi

esperasse e como era meu desejo fazer, assim como sempre desejei, não culpe a minha boa vontade nem meu ânimo, pois sempre ambos terão a suma graça e o sumo favor; que a alteza sereníssima se digne a comandá-las, à qual, inclinando-me, faço-lhe humilíssima reverência e imploro ao Nosso Senhor que lhe conceda toda a felicidade.

Humilíssimo e devotíssimo servidor de vossa alteza sereníssima
Claudio Monteverdi

CREMONA, 28 DE JULHO DE 1607
A Annibale Iberti, Gênova

Meu ilustríssimo senhor e patrão estimadíssimo,

Logo que sua alteza sereníssima deixou Mântua, eu também parti para Cremona para ver meu pai, e nesse local me encontro ainda; e por essa razão não pude receber a carta de vossa senhoria ilustríssima antes do dia 20 do presente mês. Assim, vista a ordem dada por sua alteza sereníssima,[8] logo iniciei a pôr em música o soneto e estive seis dias trabalhando nele e dois outros mais entre ensaiá-lo e reescrevê-lo. Esforcei-me para fazê-lo com o mesmo afeto que sempre tive ao compor qualquer outra obra para servir ao delicadíssimo gosto de sua alteza sereníssima; mas não pude empregar todas as minhas forças físicas, pois me encontro um pouco indisposto. Espero, todavia, que este madrigal não desagrade a sua alteza sereníssima. Mas se ainda, por minha desgraça, obtiver o resultado con-

---

8 O duque Vincenzo Gonzaga I.

Claudio Monteverdi

trário, suplico a vossa senhoria ilustríssima que aceite minhas desculpas fundadas na razão acima mencionada.

Esta é a música que compus, mas gostaria, antes que sua alteza sereníssima a ouça, de entregá-la nas mãos do senhor dom Bassano[9] para que a ensaie e domine a melodia com os outros cantores, pois é coisa muito difícil para um cantor cantar uma melodia sem antes tê-la praticado e isto é muito danoso para a composição musical, pois não se pode compreendê-la inteiramente na primeira vez que é cantada.

Mandarei o outro soneto musicado a vossa senhoria ilustríssima o quanto antes, pois na minha mente uma sua ordem já é como se eu a tivesse executado. Mas se acaso eu levar mais tempo do que deseja sua alteza sereníssima, agradecerei se me sinalizar e o enviarei rapidamente.

Termino aqui, fazendo humilde reverência a vossa senhoria ilustríssima, implorando-lhe que me ponha entre seus servidores. Suplico ao Senhor que lhe dê todos os contentamentos.

Servidor de coração de vossa senhoria ilustríssima
Claudio Monteverdi

CREMONA, 26 DE NOVEMBRO DE 1608
Ao cardeal Ferdinando Gonzaga, Mântua

Meu ilustríssimo e reverendíssimo senhor e patrão estimadíssimo,

Não menos pronto que desejoso em servir vossa senhoria ilustríssima e reverendíssima, assim que chegou o correio come-

---

9 Bassano Cassola, cantor e vice-maestro de capela.

Cartas de Claudio Monteverdi

cei a pôr em execução a sua encomenda da composição que lhe envio. E, embora eu possa lhe dizer, a verdade é que, em razão da indisposição que demora a passar pelos esforços que tive nos dias passados, vossa senhoria ilustríssima não será servida conforme meu desejo. Não obstante, minha alma será agraciada por bondade sua, assegurando-lhe que maior favor não poderia receber que servir sempre a vossa senhoria ilustríssima e reverendíssima, à qual, por fim, fazendo humilíssima reverência, imploro ao Nosso Senhor a satisfação que a tão grande príncipe convém.

Humilíssimo e devotíssimo servidor
de vossa senhoria ilustríssima e reverendíssima
Claudio Monteverdi

CREMONA, 2 DE DEZEMBRO DE 1608
A Annibale Chieppio, Mântua

Meu senhor ilustríssimo e patrão estimadíssimo,

Hoje, que é o último dia de novembro, recebi uma carta de vossa senhoria ilustríssima, da qual compreendi a ordem de sua alteza sereníssima para que eu volte o quanto antes a Mântua.

Senhor Chieppio ilustríssimo, se é para trabalhar novamente que o senhor me ordena voltar e se, sem repouso, devo trabalhar nas músicas para teatro, eu digo que seguramente breve será a minha vida; pois, pelos trabalhos passados tão prolongados, adquiri uma dor de cabeça e um prurido tão insistente e tão raivoso na cintura que nem com os cautérios que me fizeram, nem com os purgantes tomados pela boca, nem

Claudio Monteverdi

com as sangrias e outros remédios poderosos melhorei, mas apenas parcialmente. O senhor meu pai atribui a causa da dor de cabeça à quantidade elevada de estudos, e do prurido, ao ar de Mântua que me é adverso, e acredita que somente este ar em pouco tempo seria a minha morte. Pense então, vossa senhoria ilustríssima, o que faria o acréscimo de trabalhos!

Se for para ir receber graças e favores da bondade e benevolência de sua alteza sereníssima que me ordena que retorne, eu digo a vossa senhoria ilustríssima que em Mântua, durante dezenove anos contínuos, a sorte me deu a ocasião de chamá-la de minha inimiga e não amiga, pois, se ela me favoreceu em ser agraciado pelo sereníssimo senhor duque em poder servi-lo na Hungria, me desfavoreceu também, fazendo-me ter um conjunto de despesas que até hoje a nossa pobre casa ainda é afetada por aquela viagem. Se a sorte me fez entrar aos serviços de sua alteza sereníssima em Flandres, me foi contrária ainda naquela ocasião em fazer com que a senhora Claudia, estando em Cremona, tivesse as despesas de nossa casa, com serva e servo, mesmo ela recebendo de sua alteza sereníssima somente 47 liras por mês, além do dinheiro que meu pai me deu anteriormente. Se a sorte me deu a ocasião que o sereníssimo senhor duque aumentasse minha comissão dos 12,5 escudos na moeda de Mântua até os 25 escudos por mês, me foi inimiga em fazer que o dito senhor duque depois resolvesse mandar me dizer pelo senhor dom Federico Follini[10] que com tal aumento eles esperavam que eu arcasse com as despesas do senhor Campagnolo,[11] então criança e, como não quis tal empenho,

---

10 Cronista da corte.
11 Francesco Campagnolo, cantor da corte.

Cartas de Claudio Monteverdi

tive que deixar para trás 5 escudos por mês para as ditas despesas e assim me vi com os 20 escudos. Se a sorte me favoreceu fazendo com que o senhor duque me encomendasse, no ano passado, o serviço de composição de músicas do casamento,[12] ela me foi inimiga ainda naquela ocasião submetendo-me a um trabalho quase impossível e, além disso, a sofrer com o frio pela falta de vestimentas, de servos e, até mesmo, quase de comida, com a perda da pensão da senhora Claudia, que contraiu uma grave doença sem que sua alteza sereníssima me agraciasse de qualquer favor em público – e vossa senhoria sabe bem que os favores dos grandes príncipes aos servidores são honrosos e úteis, especialmente no caso de grandes festas com estrangeiros. Se a sorte me fez ter de sua alteza sereníssima uma vestimenta para me apresentar nas bodas, me fez também o prejuízo de tê-lo feito de um tecido de seda e renda sem casaca, sem meias, sem cinto e sem forro de seda para a capa, pelos quais gastei do meu bolso 20 escudos na moeda de Mântua. Se a sorte me concedeu que eu fosse chamado em diversas ocasiões por sua alteza sereníssima, causou-me danos em que o senhor duque sempre se dirigisse a mim para me carregar de tarefas e nunca para me trazer uma alegria útil. E por fim (para não mais me estender), se a sorte me fez acreditar ter de sua alteza sereníssima uma pensão de 100 escudos na moeda de Mântua pelo cargo de superintendente da praça, me desfavoreceu, pois, acabadas as bodas, não eram mais 100 escudos, mas somente 70 com a perda da esperada ocasião e com a perda do dinheiro dos meses passados, como que talvez maravilhando-se que

---

12 Trata-se do casamento entre o príncipe Francesco Gonzaga e Margherita de Savoia, em 1608.

fossem muito os 100 escudos, os quais, depois de somados aos 20 com os quais me encontro, faziam cerca de 22 bons ducados por mês; os quais, se eu tivesse obtido, teriam bastado somente para as despesas com meus pobres filhos?

Orazio della Viola[13] teria tido que trabalhar muito duro para obter uma receita de 50 escudos por ano, sem contar com seu ordenado fixo, se não tivesse tido nada além dos ditos meses. Luca Marenzio[14] teria igualmente tido que trabalhar duro para obter o mesmo, assim como Filippo di Monte[15] e Palestrina,[16] que deixou aos seus filhos um rendimento de mais de mil escudos de entradas. Teriam tido que trabalhar muito duro o Luzzasco e o Fiorini para chegar a 300 escudos mensais para cada um, deixados depois aos seus filhos; e finalmente, para não mais me prolongar, teria tido dificuldade em chegar a 7 mil escudos Franceschino Rovighi, como o fez, se não tivesse tido nenhum dinheiro além deste que bastava somente para cobrir os gastos com um mestre e seu servo e vesti-lo — não sei eu, com dois filhos, como fico.

Assim, ilustríssimo senhor, se eu tiver que tirar uma conclusão das premissas, direi que nunca mais receberei graças nem favores em Mântua, mas melhor é esperar, vindo, ter do meu azar o último golpe.

Sei muito bem que o sereníssimo senhor duque possui ótimas intenções ao meu respeito e sei que ele é um príncipe muito liberal, mas eu sou muito infeliz em Mântua. Que vossa senhoria queira acreditar na minha seguinte razão: sua alteza

---

13 Orazio Bassani, compositor e tocador de *viola bastarda*.
14 Compositor.
15 Philippe de Monte, compositor flamengo.
16 Giovanni Pierluigi da Palestrina, compositor.

sereníssima, assim que faleceu a senhora Claudia, resolveu deixar-me sua pensão, mas assim que cheguei a Mântua logo mudou de ideia e assim não me deu tal ordem, para minha desgraça. Por isso, até agora conto ter perdido mais de 200 escudos e a cada dia perco mais. Ele havia igualmente decidido, como eu disse acima, dar-me 25 escudos por mês, eis que logo mudou de ideia e, para minha desgraça, me subtraíram 5. É por isso que, ilustríssimo senhor, sabe-se abertamente: minha má sorte encontra-se em Mântua. O que quer vossa senhoria ilustríssima de mais claro? Dar 200 escudos ao senhor Marco de' Galiani,[17] que se pode dizer não ter feito nada; e a mim, que fiz aquilo que fiz, nada? Por isso, senhor Chieppio ilustríssimo, que me sabe doente e infeliz em Mântua, suplico pelo amor de Deus que queira me dar uma boa licença por parte de sua alteza seredíssima, pois sei que desta nascerá meu bem-estar. O senhor dom Federico Follini me prometeu, por meio de uma carta, na qual me chamava de Cremona até Mântua no ano passado para os preparativos das bodas, me prometeu, eu digo, aquilo que vossa senhoria pode ver nesta carta que lhe envio; e depois nada obtive ou, se obtive, obtive 1500 versos para colocar em música.

Caro senhor, me ajude a ter uma boa licença, penso que será melhor que qualquer coisa, pois mudarei de ares, de ocupações e até mesmo de sorte, quem sabe? Afinal, na pior das hipóteses, o que pode me ocorrer além de continuar pobre como estou? Ir até Mântua para ter as férias com a boa graça de sua alteza, quando não tenho vontade de nada mais, eu faria certamente, assegurando vossa senhoria ilustríssima que sempre, em qualquer lugar que eu me encontre, proclamarei meu senhor e patrão aquela

---

17 Marco da Gagliano, compositor.

alteza sereníssima e o reconhecerei com minhas pobres orações com a majestade de Deus, sempre. Não posso nada além disso.

Quanto às graças e aos favores recebidos, tantos e tantos, do ilustríssimo senhor Chieppio, saiba que não há momento em que, ao pensar em tal questão, eu não tenha as faces avermelhadas, ao lembrar-me o quanto fui importuno. Mas onde não podem chegar minhas fracas forças chegará pelo menos minha voz, proclamando suas infinitas cortesias e ficando perpetuamente agradecido a vossa senhoria ilustríssima, à qual, por fim, faço reverência e beijo as mãos.

Servidor sempre gratíssimo de vossa senhoria ilustríssima
Claudio Monteverdi

CREMONA, 24 DE AGOSTO DE 1609

A Alessandro Striggio, conselheiro digníssimo de sua alteza serseníssima, Mântua

Meu ilustríssimo senhor e patrão respeitadíssimo,

Recebi uma carta de vossa senhoria ilustríssima acompanhada de alguns versos para serem musicados por encomenda de sua alteza serseníssima. A recepção da mesma foi ontem, dia 23 do presente mês. O quanto antes me porei a compô-las e, assim que terminá-las, informarei vossa senhoria ilustríssima, ou mesmo as levarei até Mântua, pois quero ser rápido nesse serviço. Pensei inicialmente em fazê-las a uma voz solo, e caso sua alteza serseníssima ordene que eu depois as faça a cinco vozes, eu o farei.

Não me ocorre nada mais para dizer a vossa senhoria ilustríssima, a não ser sobre o *Orfeo*. Espero que amanhã, que será

Cartas de Claudio Monteverdi

dia 25, meu irmão receba a cópia terminada do impressor, que lhe mandará por correio de Veneza, com chegada prevista para amanhã e, assim que a receber, fará encadernar uma e a oferecerá a sua alteza sereníssima, o senhor príncipe. Suplico que vossa senhoria ilustríssima acompanhe com algumas palavras, no momento de oferecê-la à alteza sereníssima: que significam o muito que desejo em minha alma mostrar-lhe o quanto sou a ele devoto e humilíssimo servidor e dizer que ofereço pouco a sua alteza sereníssima (que merece muito) por falta de sorte, mas não por defeito de espírito.

Com esta ocasião gostaria também de fazer noto ao sereníssimo senhor príncipe que eu falei com os tocadores de corneto e trombone como ele havia solicitado que eu fizesse e que estes me responderam que virão servir sua alteza sereníssima, porém com estas duas condições: uma, que gostariam de ser ajudados por sua alteza sereníssima com cartas de recomendação para o conde de Fuentes ou para quem for responsável para que estes recebam os pagamentos que lhes são devidos desde que o conde de Fuentes esteve em Milão e, para que vossa senhoria ilustríssima entenda, estes pagamentos lhes são devidos porque estes tocam no castelo de Cremona; a segunda condição é que o pai e os dois filhos, os quais todos tocam instrumentos de sopro, gostariam de receber 12 escudos por mês cada um. Logo me opus e disse que se sua alteza sereníssima chegasse a 8 já seria satisfatório. A isto não responderam nem sim, nem não. Os dois outros, menos qualificados que os três citados, acredito ser possível tê-los por um salário menor, tocam juntos e com rapidez, igualmente bem a música para dança como outros tipos, pois se exercitam todos os dias. Eu fico então esperando resposta sobre este assunto e o que for ordenado por sua alteza sereníssima, eu farei, sem ir além de suas ordens.

Claudio Monteverdi

E com isto encerro fazendo reverência a vossa senhoria ilustríssima e implorando que me mantenha em suas graças.

Servidor de coração de vossa senhoria ilustríssima
Claudio Monteverdi

CREMONA, 10 DE SETEMBRO DE 1609
A Alessandro Striggio, Mântua

Meu senhor ilustríssimo e patrão respeitadíssimo,

Dia 9 deste mês recebi uma carta de vossa senhoria ilustríssima me ordenando que eu não comprometa aqueles tocadores de sopros sem novas ordens, mas que os continue mantendo com alguma esperança. Assim o fiz e assim o teria feito mesmo sem o aviso, todavia com ainda mais certeza o farei tendo essa ordem. Há três dias perguntei a estes tais: "se o senhor comendador ou o castelão soubessem que quereis partir, vos dariam a permissão?", estes responderam que não somente não lhes dariam a permissão, mas impediriam por todas as vias que eles partissem. "E se surgisse a ocasião, como partiríeis?", responderam "iríamos sem dizer nada"; não avancei nas tratativas além disso e vossa senhoria ilustríssima terá compreendido a grande dificuldade de eles partirem.

No dia 4 deste mês recebi ainda uma carta do sereníssimo senhor príncipe escrita de Maderno, contendo a ordem que eu me informasse se um certo Galeazzo Sirena,[18] compositor e tocador de órgão, aceitaria ir servir sua alteza sereníssima e quais

---

18 Maestro de capela de Cremona em torno de 1626.

Cartas de Claudio Monteverdi

seriam suas exigências e que eu informasse à dita alteza sereníssima sobre sua competência e inteligência. Sendo que o dito Galeazzo eu conheço muito bem, aliás, ele vem me visitar todos os dias em casa e por isso o conheço intrinsecamente, assim que recebi essa ordem me prontifiquei a cumprir essa tarefa. Este me respondeu que a sua ideia não era de servir príncipes, mas que desejava ir para Milão para ser maestro de capela na igreja Santa Maria della Scala, pois alguns cantores milaneses lhe haviam prometido esse posto. Pois em tal situação ele diz que ganharia ensinando, fazendo música para a cidade, compondo para as monjas e encomendando *chitarroni* e cravos para vender e que então, por esse meio, ele esperava ficar rico em pouco tempo. A isso respondi que desejava que ele pensasse um pouco mais no que lhe havia dito e que se não desejasse servir àquela alteza, que ao menos me dissesse que desculpa deveria apresentar. Tendo-o visto várias vezes e nunca tendo recebido resposta definitiva, achei justo escrever para vossa senhoria ilustríssima sobre quem é esse tal homem, a fim de que possa informar sua alteza sereníssima; pois se eu esperasse que me respondesse para somente depois escrever para sua alteza sereníssima receio que, tardando, sua alteza me achasse negligente em cumprir ordem a mim dada.

Portanto, digo a vossa senhoria ilustríssima que esse Galeazzo é um homem de 37 anos, pobre, com esposa e filhos e um pai que trabalha como condutor de carroças e carregador de liteiras, com a mãe ainda mais pobre, que se vê obrigada a trabalhar na fiação o dia inteiro. Esse homem tem um talento universal e quando se aplica não decepciona; se pôs a construir um saltério e o fez bem, se pôs a fazer um *chitarrone* e o fez igualmente bem, assim também um cravo e muitas outras coisas manuais. É sim

Claudio Monteverdi

um conhecedor de música, mas conhece somente a sua própria opinião e ambiciona que tudo que vem de seu espírito seja o que se faz de mais belo nessa arte; e se prontamente outros não lhe dizem-no, ele é o primeiro a dizê-lo. Escutei dele somente duas missas a oito vozes, de uma delas o Kyrie e o Glória, e a outra escutei inteira, excluindo o Sanctus e o Agnus, que ele não havia composto; também um Credo de uma outra missa a quatro vozes, um *dixit* a doze vozes e algumas *canzoni da sonare*[19] a quatro vozes para violas ou instrumentos de sopro, estas tais sendo bem realizadas nessa arte e com algumas novas invenções; mas as missas e o *dixit* têm sim um estilo rico de harmonia, porém são difíceis de cantar pois algumas partes colidem[20] ou introduzem silêncios que muito cansam e deixam os cantores ofegantes. Imagino que ele se adaptaria também ao que sua alteza sereníssima procura, mas como não ouvi dele nada a esse respeito prefiro não dar meu parecer, pois para que ele domine a linguagem do teatro deverá fazer um certo esforço, pois passou até então seu tempo compondo gêneros de cantos eclesiásticos e até mesmo com estes teve dificuldade em agradar, pois faz tudo de sua cabeça. E sabendo-o pobre mas rico na alta opinião que tem de si próprio e não tendo certeza de que poderia dar inteira satisfação a sua alteza sereníssima, eu lhe disse: "sei que queres ser bem pago e, a fim de que sua alteza sereníssima saiba com quem ela irá gastar tal dinheiro, seria o mínimo que faças o que ordena a dita alteza sereníssima; assim sendo, se quereis ir para Mântua em teste por três meses e lá mostrar seu valor,

---

19 Na Renascença, a *canzone* instrumental era um gênero de peças polifônicas de quatro ou mais vozes.
20 Do ponto de vista harmônico, segundo as leis do contraponto.

Cartas de Claudio Monteverdi

farei com que te deem quarto, serviçais, alimentação e ainda mais algumas gentilezas e assim tratarás tu mesmo do teu acordo". A isto ele respondeu que não queria. E eu acrescentei: "tu não tens nada publicado por meio do qual se possa julgar o teu valor, não queres tampouco te pôr à prova, tu nunca escreveste cantos teatrais e como poderá dominar isto sem nenhuma experiência?". De tal forma que vossa senhoria ilustríssima mesma percebe como é esse homem, não lhe falta presunção, ele não se faz por onde ser querido pelos cantores, até os de Cremona não querem cantar sob sua direção, apesar de o estimarem; e ele tem prazer em falar mal de terceiros. No que diz respeito ao tocar órgão, eu diria que ele toca graças ao seu domínio do contraponto e não por sua virtuosidade, pois não possui boa mão para fazer *gruppi*, trilos, acentos e nem outros ornamentos que sejam. Ele mesmo confessa não ser profissional, ainda que toque o órgão da Sant'Agostino aqui de Cremona, mas este o faz por ser pobre. Dois ou três dias depois da minha proposta de ir servir sua alteza sereníssima, me perguntou se o sereníssimo senhor príncipe o queria como seu maestro de capela ou como outra coisa, eu lhe respondi que não sabia qual era sua intenção.

É por isto, senhor Striggio, meu senhor, que me pareceu necessário escrever a vossa senhoria ilustríssima duas palavras sobre este ponto preciso que me inquieta a alma, pois o senhor príncipe é mestre de si para fazer o que lhe parecer, mas se ele empregar esse ou outro homem como maestro de capela (ainda que fosse esse o cargo que lhe pretende dar, pois não o sei), no caso em que o sereníssimo senhor duque viesse a nos faltar e que Deus quisesse que eu ficasse vivo, e tendo o senhor príncipe um maestro de capela, o que eu faria? Iria embora de Mântua? Gostaria de ser favorito de vossa senhoria ilustríssima em saber, por aquele modo justo que eu não saberia fazer melhor, se sua alteza sereníssima tem tal intenção para que eu saiba o que me resta fazer.

Perdoe-me se muito me prolonguei, mas a minha ignorância não me deixou aprender a ser conciso. Com isto, permaneço servidor de coração de vossa senhoria e lhe beijo a mão, implorando que me mantenha em sua graça e fazendo-lhe saber que em breve estarei em Mântua.

Servidor de coração de vossa senhoria ilustríssima
Claudio Monteverdi

MÂNTUA, 9 DE JUNHO DE 1610
Ao duque Vincenzo Gonzaga, Maderno

Sereníssimo senhor e meu patrão estimadíssimo,

Pelo monsenhor Pandolfo recebi por parte da vossa alteza sereníssima a ordem de que eu escute um certo contralto vindo de Módena, desejoso de servir a vossa alteza sereníssima. Sem tardar o conduzi à catedral de San Pietro e o fiz cantar um moteto ao órgão. Ouvi uma bela voz, vigorosa e ampla que em cena chegará muito bem e sem esforços a todos os lugares, coisa que o Brandini não conseguia bem. Possui um trilo assaz bom, uma agilidade honesta e canta com muita segurança sua parte nos motetos, e espero que não desagrade vossa alteza sereníssima. Ele tem alguns pequenos defeitos; engole algumas vezes a vogal, quase à maneira de monsenhor Pandolfo, e algumas vezes a coloca no nariz, algumas vezes cerra os dentes, fazendo com que a palavra fique ininteligível; ele também não rebate a garganta [*percotte bene la gorgia*] como seria necessário e nem a adoça em outros lugares; mas sou da opinião que todas essas coisas podem ser resolvidas assim que lhe advertirmos. Não o pude escutar nos madrigais pois ele se preparava para partir a fim de se pôr às ordens de vossa alteza sereníssima, de sorte que reporto aqui à alteza sereníssima somente o que ouvi. Como não me ordenaram nada mais, aqui termino esta carta fazendo humilíssima reverência a sua alteza sereníssima e implorando ao Nosso Senhor que conserve por muito tempo em boa saúde vossa alteza sereníssima e que a guarde em sua graça.

Humilíssimo e gratíssimo servidor de vossa alteza sereníssima
Claudio Monteverdi

MÂNTUA, 28 DE DEZEMBRO DE 1610
Ao cardeal Ferdinando Gonzaga, Roma

Meu senhor ilustríssimo e patrão estimadíssimo,

Pela presente venho pedir a Deus com todo o afeto do coração que dê um bom ano novo a vossa senhoria ilustríssima, um ótimo meio e o melhor final a cada um de seus ilustríssimos pensamentos e que a mim dê sempre a oportunidade de merecer a graça de vossa senhoria ilustríssima, graça com a qual, estou certíssimo, me será concedido ter a alegria, antes que eu morra, de ver meu filho[21] no seminário romano com algum benefício da Igreja que pague sua pensão, sendo eu pobre. Sem essa graça,

---

21 Francesco Baldassare Monteverdi, o filho mais velho de Claudio Monteverdi.

Claudio Monteverdi

nenhuma ajuda eu poderia esperar de Roma para meu Franceschino, que já se tornou seminarista para viver e morrer em tal vocação sob vossa proteção, ele que é servidor humilíssimo de vossa senhoria ilustríssima, sendo vassalo da sereníssima Casa Gonzaga, nascido de pai e mãe servidores de muito tempo das vossas altezas sereníssimas e de um casamento feito com consentimento especial do sereníssimo senhor duque Vincenzo. Se Roma, com o auxílio de vossa senhoria ilustríssima, não o ajudar, ele e seu irmão ficariam tão pobres que mal conseguiriam chegar até o fim do ano com pão e vinho somente, caso eu viesse a lhes faltar. Tentarei obter de sua santidade algum benefício simples ou outro que seja uma renda suficiente, para tal, se vossa senhoria ilustríssima se dignar em me fazer o favor de apresentar-nos, ele e eu, juntos (como espero de sua infinita bondade) ou à sua santidade ou ao monsenhor ilustríssimo datário,[22] de modo contrário eu não ousaria lhe pedir nenhuma graça temendo tê-lo enfastiado muito quando estive em Roma.

Antes de deixar Roma ouvi a senhora Hippolita cantar muito bem; em Florença, a senhora filha do senhor Giulio Romano[23] cantar muito bem e tocar alaúde *chitaronato* e cravo; mas ouvi em Mântua a senhora Adriana[24] cantar muito bem, tocar muito bem e falar muito bem: mesmo quando ela afina seu instrumento ou se cala, dá motivos para ser admirada e louvada dignamente! Fui

---

22 Prelado da cúria responsável pelos benefícios.

23 Giulio Caccini, dito "o Romano" (1551-1618): compositor fundamental no grupo da Camerata Bardi e entre os principais nomes do nascimento da ópera. Caccini tinha duas filhas, Settimia e Francesca; neste caso, Monteverdi se refere a Francesca, que possuía um grande talento de cantora, além de compositora.

24 Adriana Basile.

Cartas de Claudio Monteverdi

obrigado a assegurar-lhe o quanto os ilustríssimos senhores cardeais Mont'Alto e Perretti a honravam e estimavam, e vossa senhoria ilustríssima ainda mais. Em resposta a tal louvação de vossa senhoria ilustríssima ela disse: "A senhora Hippolita ocupa um lugar mais digno que o meu nas graças desse senhor, que eu não ocupo, pois ouvi os elogios infinitos que ele lhe faz", sobre isto me esforcei muito em fazê-la pensar o contrário, mas me parece que não obtive o resultado que desejava. Depois disso ela inteirou: "Se o cardeal Gonzaga me tivesse em consideração como dizeis, por todas vossas razões ele teria me honrado com uma de suas belas árias para que eu pudesse cantar". Meu caro senhor, me faça digno de uma de suas árias para que eu possa desfazer o equívoco; nesta mesma ocasião imploro que vossa senhoria ilustríssima ordene ao senhor Santi que me mande a cantata com dois *chitarroni* que vossa senhoria ilustríssima me prometeu para que eu a faça executar a sua alteza sereníssima na Sala dos Espelhos em uma sexta-feira à noite. Permaneço como vosso gratíssimo servidor e aqui, por fim, lhe faço humilíssima reverência e lhe beijo as mãos.

Humilíssimo e gratíssimo servidor de vossa senhoria ilustríssima
Claudio Monteverdi

MÂNTUA, 22 DE JANEIRO DE 1611
Ao cardeal Ferdinando Gonzaga, Roma

Meu ilustríssimo e reverendíssimo senhor e patrão estimadíssimo,

Há pouco recebi a valiosíssima carta de vossa senhoria ilustríssima com os dois belíssimos madrigais musicados. Aquela e estes logo li e reli, cantei e recantei comigo mesmo, beijei e rebeijei a carta com extremo alívio ao ver quanto é grande a amorosidade de vossa senhoria ilustríssima com um seu mínimo servidor como sou, que nada mereço.

Todas as sextas-feiras à noite se toca música na Sala dos Espelhos e a senhora Adriana vem cantar. Ela dá às composições uma tal força e uma graça especial, trazendo assim um tamanho deleite aos ouvidos que aquele lugar se faz quase um novo teatro. E acredito que antes que se encerre a temporada de concertos, o senhor duque precisará posicionar guardas na entrada, pois juro a vossa senhoria ilustríssima que na última sexta-feira estavam a ouvi-la não somente o sereníssimo senhor duque e a sereníssima senhora duquesa, a senhora dama Isabella de Santo Martino, o senhor marquês e a senhora marquesa de Solfarino, senhoras damas e cavalheiros de toda a corte, mas também mais de cem outros cavalheiros da cidade. Em tão bela ocasião pedirei aos músicos de Casale Monferrato[25] que toquem *chitarroni* acompanhados do órgão de madeira, que soa suavíssimo e assim a senhora Adriana e Don Giovanni Battista cantarão o belíssimo madrigal *Ahi che morire mi sento* [Ai! Sinto-me morrer] e o outro madrigal somente ao órgão. Amanhã levarei as ditas composições e presenteá-las-ei à senhora Adriana e sei o quanto as apreciará; não quero dizer-lhe o nome do autor antes que ela as tenha cantado e farei um relato do sucesso do conjunto a vossa senhoria ilustríssima.

Não deixarei de atentar para que Franceschino, meu filho e servidor humilíssimo de vossa senhoria ilustríssima, aprenda três virtudes: a primeira é servir a Deus com toda a diligência e temor; a segunda, as letras; e a terceira, um pouco de música,

---

25 Os irmãos Rubini, Orazio e Giovanni Battista, violistas.

na qual até então tem se saído bem em trilos e gorjeios. Assim, pelo meio da graça de vossa senhoria ilustríssima, ele poderá obter de Deus e de sua santidade a graça que a cada minuto em minhas pobres preces eu peço.

Não sei, ilustríssimo senhor, se eu seria muito ousado se, agora que está vacante a diocese de Novara, a qual a renda é de 8 mil escudos, suplicasse que intercedesse sobre a pensão para meu filho aqui nomeado, que se elevaria pelo menos a 100 escudos de ouro. Se sou muito importuno, queira me perdoar, pelo amor de Deus, mas se eu puder obter essa graça, meu coração se encherá de felicidade! Sentir-me-ia como se tivesse todo o ouro do mundo!

Caro senhor, se for possível, por sua graça infinita, ajude-me e, se assim for, considere sua infinita gentileza mais que meus méritos, pois sei que não possuo nada além do que nasce de sua infinita bondade. Inclino-me a vossa senhoria ilustríssima e lhe faço humilíssima reverência pedindo ao Nosso Senhor que lhe dê as alegrias mais completas.

Humilíssimo e gratíssimo servidor
de vossa senhoria ilustríssima e reverendíssima
Claudio Monteverdi

MÂNTUA, 26 DE MARÇO DE 1611

Ao príncipe Francesco Gonzaga, Casale Monferrato

Meu sereníssimo senhor e patrão estimadíssimo,

Vossa alteza sereníssima deixou a instrução ao senhor Giulio Cesare Cremonês, tocador de corneto, que encontrasse al-

Claudio Monteverdi

guém que toque flauta, corneto, trombone, flauta transversal e fagote pela necessidade de uma quinta parte no concerto de instrumentistas de sopro de vossa alteza sereníssima e que vossa alteza sereníssima ficaria feliz em engajá-lo. Venho portanto eu, por meio desta minha, informar a vossa alteza sereníssima que aqui se encontra um jovem entre 26 e 28 anos (não sei se está de passagem ou se veio propositalmente) que sabe tocar os instrumentos indicados com bastante segurança e maestria, e eu o ouvi, efetivamente, tocar flauta e corneto, mas além disso ele diz saber tocar *viola da gamba* e *da braccio*.

À primeira vista me pareceu ser muito honesto e educado. Tomei a iniciativa de lhe perguntar se, acaso houvesse a intenção destas altezas sereníssimas de almejar seus serviços, quais seriam suas pretensões. Por mais que eu tenha insistido, não quis dar outros particulares que não estes: que se fosse julgado digno de tal graça, consideraria tudo que lhe fosse dado como uma bênção e que não tem maior desejo que estudar, servir e ser capaz de servir. Disse-lhe de minha iniciativa: "Se o sereníssimo senhor príncipe desejasse vos empregar, a este senhor agrada não somente escutar variações em instrumentos de sopro, mas lhe agrada também que os instrumentistas toquem música de câmara, de igreja, pelas ruas e nos castelos, ora madrigais, ora *canzoni* francesas, ora árias e ora danças". E ele me respondeu que fará de tudo, que julgará sempre ser uma grande sorte ser capaz de servir de qualquer maneira vossas altezas sereníssimas. Ele disse que estará em Mântua para a Páscoa, vossa alteza poderá dar as instruções que queira sobre essa negociação.

Aproveito a ocasião desta carta para implorar ao Nosso Senhor que lhe conceda feliz Páscoa e suplicar que seja condescendente em aceitar o *dixit* a oito vozes que vossa alteza serreníssima ordenou que lhe mandasse, com o qual lhe envio ainda um motetinho a duas vozes para ser cantado na elevação de Nosso Senhor e um outro, a cinco, da Beata Virgem. Passada a Semana Santa mandarei um par de madrigais e alguma outra composição que eu julgue que possa agradar a vossa alteza serreníssima. Vossa alteza serreníssima me concederá uma singular graça em mostrar as presentes composições ao meu irmão um pouco antes que vossa alteza serreníssima queira se dignar a escutá-las. Assim, meu irmão e os cantores e instrumentistas poderão ler entre eles as melodias dos tais cantos, de tal modo vossa alteza serreníssima ficará menos ofendida por essas minhas fracas notas.

E com isto, lhe faço humilíssima reverência e imploro ao Nosso Senhor, com o mais intenso afeto que me é possível, a realização de seus magnânimos desejos e a manutenção de sua perfeita saúde.

Servidor humilíssimo e gratíssimo de vossa alteza serreníssima
Claudio Monteverdi

VENEZA, 12 DE OUTUBRO DE 1613
A Annibale Iberti, Mântua

Meu senhor ilustríssimo e patrão estimadíssimo,

Venho com esta informar vossa senhoria ilustríssima como, encontrando-me em companhia do mensageiro do correio de Mântua em direção a Veneza, fomos assaltados em Sanguaneto, não na cidade em si, mas a duas milhas de lá, por três bandi-

Claudio Monteverdi

dos cafajestes. Fomos roubados no seguinte modo: de repente, de um campo onde terminava a estrada principal, saíram dois homens de pele morena, com pouca barba e de estatura mediana, cada um carregava um arcabuz com o cano para baixo. Um deles veio em minha direção para me amedrontar com seu arcabuz e o outro segurou as rédeas dos cavalos, que caminhavam lentamente e, sem nada dizer, nos levaram para o campo. Assim que desci do cavalo me fizeram ajoelhar e um dos homens com o arcabuz me pediu a bolsa, o outro se aproximou do mensageiro e pediu as malas. Este, após tê-las descido da carroça, as abriu uma a uma e o bandido ia pegando o que lhe interessava e o mensageiro ia-lhe entregando prontamente tudo que era pedido; eu continuava ajoelhado, como me obrigava o outro com o arcabuz. Desta forma, eles pegaram o que lhes interessava, o terceiro dos três bandidos tinha nas mãos um espeto e ficou vigiando (e continuava a fazê-lo) se não vinha ninguém pela estrada.

Quando já haviam revirado bem todas as coisas, veio até mim aquele que vasculhava as coisas do mensageiro e mandou que eu me desvestisse, pois queria ver se eu tinha mais dinheiro, mas certificado de que eu não possuía nada foi até a minha serva para fazer o mesmo; esta, com preces, súplicas e prantos, conseguiu que ele a deixasse tranquila. Depois, voltando aos objetos e malas, ele fez uma trouxa das melhores e mais belas coisas. Ao procurar algo para se cobrir, ele encontrou meu sobretudo de sarja, longo, novíssimo, que eu havia acabado de mandar fazer em Cremona, e disse ao mensageiro: "Vista-me este sobretudo!". O bandido, vendo que lhe estava longo, disse: "Dê-me outro!". Assim, pegou o de meu filho, mas o achou muito curto e disse o mensageiro: "Mas senhor, este é daquele pobre seminarista, devolva-lho", e ele se contentou. Encontrou ainda o traje do mesmo jovem e fez o mesmo e ainda as coisas da serva que o mensageiro conseguiu que fossem devolvidas depois de muitas súplicas. Do resto, fizeram uma grande trouxa, puseram nas costas e levaram embora. Depois, nós juntamos os restos e fomos até a estalagem.

Na manhã seguinte portamos queixa em Sanguaneto, depois partimos (eu, muito desconsolado) e chegamos a Este. Tomamos um barco para Pádua, que ficou encalhado toda a noite de quinta-feira e quase toda a sexta-feira, com ninguém que fizesse algo para que desencalhasse. Finalmente, por volta das 20 horas, debaixo de forte chuva e vento, em um barco descoberto, tendo em popa somente o nosso mensageiro a remar — o qual fez grande esforço remando —, chegamos a Pádua e somente à 1 hora da noite[26] pudemos entrar.

Na manhã de sábado, mesmo tendo acordado cedo para partir para Veneza, esperamos parados mais de duas horas para a partida. Enquanto estávamos em Pádua o mensageiro imobilizou um braço e disse que aquilo havia sido causado pelos bandidos no momento do assalto. Eu, sabendo que ninguém havia tocado e nem vasculhado o mensageiro, fiquei calado. Esse gesto do mensageiro fez nascer uma suspeita, entre todos que estavam conosco, que antes o haviam visto sem nenhuma dor, e alguém no barco de Pádua disse ao mensageiro: "que invenção é esta, irmão?" e como este queria ainda dizer outras palavras (zombando, eu diria), o mensageiro mudou de conversa. Foi assim que, com este rindo e brincando, chegamos a Veneza de

---

26 Em torno de 7 horas da noite.

Claudio Monteverdi

barco às 24 horas[27] do sábado, o mensageiro se deteve em Veneza não mais que duas horas e partiu para Mântua.

Eis como a coisa precisamente aconteceu. E como esteve aqui um segundo mensageiro a se lamentar comigo, dizendo que ouviu dizer que eu havia suspeitado do mensageiro passado e eu lhe respondi que de nada havia suspeitado, que eu o considero um homem de bem. É bem verdade, porém, que fez aquele ato, de imobilizar um braço no sábado de manhã por um fato que havia ocorrido na quarta-feira de noite, sendo que ninguém o havia tocado e que ele havia remado durante toda a sexta-feira.

Venho então inteirar a vossa senhoria ilustríssima que de nada eu suspeitei neste homem e que, se tivesse me passado pelo pensamento, teria imediatamente informado vossa senhoria ilustríssima. Mas digo que esse ato de o mensageiro imobilizar um braço me fez pensar; e se é coisa para se pensar, deixo ao judiciosíssimo parecer de vossa senhoria ilustríssima pois, quanto a mim, nada penso e nada busco que não venha das mãos de Deus.

Eu, ilustríssimo senhor, certifico-lhe que me roubaram mais de 100 ducados venezianos entre pertences e dinheiro. Ao meu retorno a Mântua tive do senhor presidente a graça de receber meu pagamento de um semestre e ele me deve ainda um, vencido já há três meses. Eu lhe narrei minha grande desgraça. Se o senhor quiser me agraciar com uma vossa boa palavra ao senhor presidente em meu favor, mesmo sabendo que a gentileza do senhor presidente é muita, eu a receberia como o maior dos favores pois, senhor, preciso infinitamente.

---

27 Em torno de 6 horas da tarde.

Cartas de Claudio Monteverdi

E aqui, fazendo humilíssima reverência a vossa senhoria ilustríssima, imploro a Deus que lhe conceda toda felicidade verdadeira.

Servidor humilíssimo e gratíssimo de vossa senhoria ilustríssima
Claudio Monteverdi

VENEZA, 22 DE AGOSTO DE 1615
Ao duque Ferdinando Gonzaga, Mântua

Meu sereníssimo singular senhor e patrão estimadíssimo,

Como bem sabe vossa alteza sereníssima, o sereníssimo senhor duque Vincenzo, em gloriosa memória, concedeu-me dignamente a graça de dar-me uma renda anual de 100 escudos ou de um fundo do qual eu poderia tirar comodamente a dita soma anualmente; assim, não tendo nunca recebido da câmara ducal o tal fundo, como é de sua obrigação pagar-me, fui obrigado a pedir notas promissórias a cada seis meses, as quais me foram prontamente entregues, e me deram inclusive o dinheiro, salvo de duas delas.

Recorri mais de uma vez, por intermédio de meu sogro, ao ilustríssimo senhor presidente da magistratura, a fim de que ele ordenasse que me fossem pagos também esses dois semestres, sendo que tais são as palavras do decreto: "Ordenando assim o presidente da nossa magistratura que execute esta nossa doação e compromisso sem outro mandato ou ordem, sendo esta a nossa bem deliberada vontade".

Mas tendo-me sido dito por meu sogro que compete a sua alteza sereníssima fazer o pedido para uma nova ordem geral

Claudio Monteverdi

emitida por vossa senhoria, tomei a ousadia, forçado pela minha grande necessidade, sendo esta a época de prover para todo o ano e seguro da infinita bondade e humanidade de sua alteza sereníssima, de vir suplicar-lhe, como faço, e implorar com toda afeição do coração, que queira dar a ordem que me seja entregue a quantia que me devem, para que assim eu possa sustentar meus dois filhos, que não são de pouca despesa (desejando, como já o faço, que aprendam as virtudes acima da média); estes, nascidos em Mântua, e a fim de que eu seja feito digno de gozar da graça assinalada pelo dito sereníssimo senhor duque Vincenzo (meu senhor único, que esteja na glória). Venho suplicar-lhe igualmente, com a mesma afeição no coração, que permita que eu seja digno de tempos em tempos de alguma encomenda a fim de que possa me fazer noto ao mundo e a mim mesmo que não sou de todo indigno à sua graça (ainda que eu seja um servidor baixíssimo e fragilíssimo).

Deus mantenha longamente saudável e em sua santa graça vossa alteza sereníssima e me dê os méritos dignos das ordens de vossa alteza sereníssima, à qual faço humilíssima reverência.

Servidor humilíssimo e gratíssimo de vossa senhoria ilustríssima
Claudio Monteverdi

VENEZA, 6 DE NOVEMBRO DE 1615
A Alessandro Striggio, Mântua

Meu ilustríssimo senhor e patrão estimadíssimo,

Impulsionado pelas múltiplas despesas que devo ter para a educação dos meus filhos, desejando que eles aprendam le-

Cartas de Claudio Monteverdi

tras e cresçam temendo a Deus e com honra, por essas causas tão necessárias me conveio sempre mantê-los em minha casa com um tutor, que entre uma coisa e outra me custou mais de 200 ducados por ano. Tendo uma renda de 300 ducados da igreja de São Marcos e 100 da graça da doação que a feliz memória do sereníssimo senhor duque Vincenzo me agraciou concedendo-me, 100 ducados, que ainda não pude receber e dos quais muito preciso, para os quais, por meio de uma minha carta, recorri à infinita bondade da sereníssima alteza do senhor duque Ferdinando já há um mês ou pouco mais. Obtive uma resposta do senhor meu cunhado capuchino de que vossa senhoria ilustríssima não somente tem em mãos a minha carta, mas também uma autorização da bondade desta alteza sereníssima de poder me reconfortar não somente com os 100 escudos de prestações passadas da câmara ducal, mas de conceder-me o fundo do qual eu poderia tirar confortavelmente meu sustento anual.

Quando soube do senhor meu cunhado que vossa senhoria ilustríssima havia recebido tal ordem, tenha certeza de que rapidamente corri para agradecer a Deus por tão importante benefício e por completo me alegrei sabendo o quanto vossa senhoria ilustríssima fora sempre minha protetora e apoiadora.

Não lhes direi aqui as minhas fadigas passadas das quais ainda padeço frequentemente em minha cabeça e em vida pelo grande sofrimento com o qual fiz a *Arianna* [Ariadne]; nem vos contarei dos meus dois filhos nascidos em Mântua, mesmo tendo sido razão de meu casamento o senhor duque Vincenzo; nem como desgraçadamente deixei aquela sereníssima corte tendo, por Deus, trazido comigo nada mais que 25 escudos após uma permanência de 21 anos; nem contarei nada mais a vossa senhoria ilustríssima, pois sei que de tudo já é muito bem informada; direi somente, e com infinito rogo que se quiserdes fazer que eu seja consolado por esse bendito fundo do qual possa obter esses benditos 100 escudos, assim para desfrutar como reconhecimento de meus esforços e da graça gloriosa do senhor duque Vincenzo, e da ajuda para favorecer os meus pobres filhos, como também para mostrar aos presentes senhores músicos que servem à presente sereníssima alteza, que sei muito bem como eles são favorecidos e honrados, assim como o foram os que serviram ao duque Vincenzo.

Caro senhor ilustríssimo, rogo-lhe pelo amor de Deus, queira nisto favorecer-me pois em um só gesto favorecerá meus filhos, minha honra, minha alma e o esplendor do duque Vincenzo. Afinal, Deus ordena que o pagamento ao pobre servidor não seja detido da noite à manhã seguinte. E a cidade de Veneza e outras verão que sou recompensado, lugar onde agora pessoas se surpreendem por nada ver em relação a isto.

Não saberia dizer nada mais a não ser predispor-me à bondade da vossa senhoria ilustríssima da qual espero todo meu consolo para o qual não falto e nem faltarei, nem eu nem meus pobres filhos de rogar a Deus pela realização de cada um de vossos anseios e desejos. E aqui lhe fazendo humilde reverência beijo-lhe as mãos.

Servidor gratíssimo de vossa senhoria ilustríssima
Claudio Monteverdi

Cartas de Claudio Monteverdi

Veneza, 21 de novembro de 1615
A Annibale Iberti, Mântua

Meu ilustríssimo senhor e patrão estimadíssimo,

O muito ilustre senhor residente[28] da alteza sereníssima de Mântua, habitante de Veneza, meu bom senhor, me transmitiu há alguns dias, por meio de cartas de vossa senhoria ilustríssima, a ordem da alteza sereníssima de Mântua, meu senhor singular, que eu compusesse um balé; a ordem se limitava a isto, sem mais detalhes, diferentemente daqueles do sereníssimo senhor duque Vincenzo (que Deus o tenha em sua glória), que me encomendava tais composições de seis, oito ou nove movimentos, além de me fazer uma breve narração da trama e eu tentava adaptar a esta a harmonia e os ritmos que julgava mais apropriados e similares.

Portanto, acreditando que um balé de seis movimentos agradaria o gosto de sua alteza sereníssima, rapidamente tentei terminá-lo, ao qual faltavam dois movimentos que comecei a escrever nos meses passados para apresentá-lo a sua alteza sereníssima, acreditando que iria a Mântua no verão passado para resolver alguns negócios meus.

Sendo que pelas mãos do senhor residente eu o envio a vossa senhoria ilustríssima para apresentá-lo a sua alteza sereníssima, me pareceu por bem acompanhá-lo também de uma carta minha a vossa senhoria ilustríssima para lhe dizer que, se sua alteza sereníssima desejasse que fossem feitas mudanças neste, de árias ou de acréscimo de mais outras árias, de natureza

---

28 Representante do duque; neste caso se trata de Camillo Sordi.

Claudio Monteverdi

mais grave e lenta ou mais cheias e sem fugas, que sua alteza sereníssima não preste atenção ao texto presente, que pode ser trocado (o presente servirá ao menos para a métrica e à reprodução do canto) e se desejar mudanças em tudo, suplico que vossa senhoria ilustríssima me faça um pedido no qual sua alteza sereníssima julga digno me reordenar a encomenda, assim, como servidor devotíssimo e desejoso de receber a graça de sua alteza sereníssima, não deixarei de fazer que sua alteza sereníssima fique satisfeita comigo.

Se o balé tiver a sorte de lhe agradar, eu consideraria bom que para o concerto se fizesse uma disposição em meia-lua, nas quais pontas seriam postos um *chitarrone* e um cravo de cada lado, um tocando o baixo para Clori e o outro para Tirsi, estes últimos também teriam um *chitarrone* em mãos, cantando e tocando em seus próprios instrumentos, e os dois citados anteriormente (se para Clori houvesse uma harpa no lugar do *chitarrone* seria ainda melhor). Chegando ao momento do balé, uma vez que os dois terão terminado de dialogar, se somariam ao balé mais seis vozes, para que se tornem oito vozes, oito violinos, um contrabaixo, uma espineta harpeada (se houvesse também dois alaudinhos pequenos, seria bom). O tempo deve ser batido com o compasso seguindo a natureza das árias e sem sufocar os cantores e os músicos, e com a inteligência do senhor Ballarino,[29] espero que cantado deste modo não desagrade sua alteza sereníssima. (Se, antes que sua alteza sereníssima o escutasse, mostrasse por uma hora aos senhores cantores e músicos, seria uma excelente coisa.)

---

29 Giovanni Battista Ballarino, coreógrafo.

Cartas de Claudio Monteverdi

A presente ocasião me foi especialmente preciosa, não somente por mostrar a minha prontidão às ordens de sua alteza sereníssima, tão desejadas e queridas por mim, quanto para lembrar a vossa senhoria ilustríssima que lhe sou servidor de coração, implorando-lhe que me mantenha como tal e que me conceda a graça de se dignar a me fazer encomendas. Aqui lhe faço humilde reverência e imploro ao Nosso Senhor que lhe conceda toda satisfação e felicidade.

Servidor afeiçoadíssimo de vossa senhoria ilustríssima
Claudio Monteverdi

VENEZA, 28 DE NOVEMBRO DE 1615
A Annibale Iberti, Mântua

Meu ilustríssimo senhor e patrão estimadíssimo,

Recebi a nota de vossa senhoria ilustríssima de que não somente recebeu o balé, mas também que apresentou à sua alteza sereníssima e, pelo que me transmitiu, pelo pouco que sua alteza sereníssima ouviu, ela gostou. Por essa novidade me senti infinitamente reconfortado, pois desejo com todo o meu coração, não somente servir a sua alteza sereníssima com grande prontidão, mas que meus serviços sejam do agrado de sua alteza sereníssima.

Estarei no aguardo para saber se o resto do balé a agrada, ou o que a sua alteza sereníssima ordenar. Se eu for digno de novas encomendas, não deixarei, mais uma vez, de fazer, com todo meu espírito e minhas forças, o que me for ordenado.

Entrementes, suplico que vossa senhoria ilustríssima me mantenha como seu servidor e imploro que me faça digno que

Claudio Monteverdi

poder-lhe servir. E aqui lhe faço humilde reverência e peço para que Nosso Senhor lhe encha de alegrias.

Servidor de verdadeiro coração de vossa senhoria ilustríssima
Claudio Monteverdi

VENEZA, 27 DE JULHO DE 1616
Ao duque Ferdinando Gonzaga, Mântua

Sereníssimo senhor, senhor e patrão estimadíssimo,

A grandíssima necessidade em que me encontro agora, sereníssimo senhor, devendo necessariamente prover a minha pobre casa de pão, vinho e muitas outras coisas, empobrecido principalmente pelo encargo de meus filhos, nascidos em Mântua, para os quais tive que contratar um tutor pela perigosa liberdade que reina em Veneza, além da vida custosa que se tem aqui, incita-me a lhe suplicar, com o maior afeto de minha alma e com a humildade que lhe devo, que me conceda a graça que seja entregue em mãos ao meu sogro pelo menos o dinheiro dos três semestres passados que a tesouraria me deve, esperando em sua bondade inata de ser agraciado, em recompensa de longa servidão prestada nesta sereníssima casa, com o favor de receber a parte principal desse dinheiro, como, por bondade singular de vossa alteza sereníssima, condescendeu responder em tal modo ao meu cunhado capuchino, o qual, sabendo de minhas calamitosas necessidades, foi impelido a endereçar a vossa alteza calorosas súplicas.

Por fim, pedirei sempre ao Nosso Senhor que conceda a vossa alteza grande felicidade e a mim dê a graça de ser para

Cartas de Claudio Monteverdi

sempre considerado por ela, pelo menos, servidor. E com tal final, faço a vossa alteza sereníssima humilíssima reverência.

Servidor humilíssimo e devotíssimo de vossa alteza sereníssima
Claudio Monteverdi

VENEZA, 9 DE DEZEMBRO DE 1616
A Alessandro Striggio, Mântua

Meu ilustríssimo senhor e patrão estimadíssimo,

Recebi com grande alegria do senhor Carlo de Torri a carta de vossa senhoria ilustríssima e o libreto contendo a fábula marítima das *Nozze di Tetide* [Bodas de Tétis].

Vossa senhoria ilustríssima me escreve que a envia a mim para que eu a veja com atenção e depois lhe escreva meu parecer, pois deve ser musicada para o futuro matrimônio de sua alteza sereníssima. Eu, ilustríssimo senhor, que não desejo nada mais além de ter algum valor para servir a sua alteza sereníssima, direi inicialmente que me ofereço para tudo o que sua alteza sereníssima me ordena e que sempre, sem hesitar, honro e respeito tudo o que for ordenado por sua alteza sereníssima. Assim, se sua alteza sereníssima aprovar essa fábula, ela por consequência será belíssima e me agradará muito; mas se quereis que eu me exprima sobre a mesma, então obedecerei à ordem de vossa senhoria ilustríssima com toda a reverência e prontidão, sabendo que meu dizer nada vale, assim como pessoa eu valho pouco em tudo, mas que honro os homens de talento, neste caso o senhor poeta do qual não sei o nome, sobretudo por não ser esta a minha profissão.

Claudio Monteverdi

Direi então, com todo o respeito, para lhe obedecer, já que assim ordena. Digo, antes de tudo, que a música quer ser senhora do ar e não somente das águas. Quero dizer, na minha linguagem, que os concertos descritos em tal fábula são todos baixos e próximos à terra, o que é uma falha grandiosa para as belas harmonias, pois estas serão escritas para os sopros graves; situados ao fundo do palco, difíceis de serem ouvidos por todos e difíceis de serem tocados[30] (sobre isso deixo que sentencie vosso finíssimo e inteligentíssimo gosto). Neste caso, em vez de um *chitarrone* serão necessários três, em vez de uma harpa serão necessárias três, e assim por diante. No lugar de uma voz delicada do cantor será necessária uma forçada; além do que, a imitação da própria fala exigiria, na minha opinião, o apoio de instrumentos de sopro em vez de instrumentos de cordas e delicados, pois creio que as músicas dos tritões e das outras divindades marinhas devem ser designadas para os trombones e cornetos, e não para as cítaras ou os cravos e as harpas, pois sendo esta uma trama marítima, e por consequência fora da cidade – e Platão ensina que *"cithara debet esse in civitate et thibia in agris"*,[31] ou as harmonias delicadas serão impróprias ou as apropriadas não serão delicadas.

---

30 "Harmonias" neste caso diz, provavelmente, respeito à música em geral. Monteverdi fala aqui da prática interpretativa da época, quando os instrumentos não eram posicionados juntos, mas ficavam espalhados por todo o espaço. Os de sopro ficavam habitualmente acima do palco. Monteverdi se refere aos instrumentos de sopro por uma questão de caracterização dos personagens – os marítimos eram normalmente caracterizados por sopros.

31 "Devemos empregar a cítara na cidade e a flauta, no campo", Platão, *A república*, livro III, 399d.

Cartas de Claudio Monteverdi

Além disso, vi que os interlocutores são Ventos, Cupidos, Zéfiros e Sereias, e consequentemente serão necessários muitos sopranos; a isto se somam os Ventos, que deverão cantar, ou seja, os Zéfiros e as Boreais! Como poderei eu, caro senhor, imitar a fala dos ventos se estes não falam?! E como poderei mover as paixões através deles? Ariadna soube movê-las por ser mulher e Orfeu também o soube por ser homem, e não vento. A música pode imitar por si só, e não por meio do discurso, os rumores dos ventos, o balir dos carneiros, o relinchar dos cavalos e assim por diante, mas não imitar o falar dos ventos, que não existe!

Quanto às danças, que são encontradas na fábula algumas vezes, elas não têm ritmo de dança.

A invenção inteira, aos olhos de minha grande ignorância, não sinto que me emocione, e com dificuldade a compreendo e nem sinto que ela me leve a um final que me comova. Ariadna me leva a um justo lamento e o Orfeu, a uma justa prece, mas esta não sei a qual fim leva. Assim, o que quer vossa senhoria que a música consiga nesta? Todavia, aceitarei sempre tudo com toda reverência e honra desde que sua alteza sereníssima ordene e seja de vosso agrado, pois é, sem réplica, meu senhor.

E se sua alteza sereníssima ordenasse que eu a musicasse, vendo que nesta as divindades falam a maioria do tempo e sendo que eu gosto de ouvi-las cantar de forma ornamentada, eu diria que no que diz respeito às sereias, poderiam ser cantadas pelas três senhoras irmãs (ou seja, Andriana[32] e as outras[33]) e estas

---

32 Monteverdi escreve alguns nomes de forma errada, este é um dos casos "Andriana", no lugar de "Adriana", esta é uma característica da escrita de várias personalidades da época.

33 Adriana Basile, Margherita e Tolla.

Claudio Monteverdi

poderiam até mesmo compor suas próprias partes. Assim também o senhor Rasso,[34] assim o senhor dom Francesco[35] e assim por diante os outros senhores, imitando o cardeal Mont'Alto,[36] que fez uma peça[37] em que cada personagem que nesta intervinha compunha sua própria parte. Porém, se fosse o caso de uma coisa que tendesse a um só final, como a *Ariadna* e o *Orfeu*, seria necessária somente uma mão, que tendesse ao falar cantando e não como esta, ao cantar falando.[38] E, a propósito, considero que as partes faladas de cada personagem são muito longas, das sereias em diante e algumas outras falas.

Perdoe-me, caro senhor, se falei demais, não o fiz para depreciar coisa alguma, mas por desejo de obedecer às suas ordens pois, se me coubesse musicar essa fábula e se tal fosse a ordem, vossa senhoria ilustríssima poderia considerar minhas reflexões.

Que vossa senhoria ilustríssima me tenha, eu suplico, com todo o afeto, devotíssimo e humilíssimo servo de sua alteza sereníssima, à qual faço humilíssima reverência e a vossa senhoria ilustríssima beijo as mãos com todo o afeto e imploro a Deus o ápice de toda felicidade.

Humilíssimo e gratíssimo servidor de vossa senhoria ilustríssima,
à qual desejo boas festas com todo o afeto
Claudio Monteverdi

---

34 Francesco Rasi, o tenor que primeiro interpretou Orfeu.

35 Francesco Dognazzi, que a partir de 1619 será diretor de música em Mântua.

36 Alessandro Peretti Damascene.

37 *Amor pudico* [Amor pudico], de Jacopo Cicognini, promovido pelo Cardeal Montalto em Roma no Carnaval de 1614.

38 *Parlar cantando* [Falar cantando], ao qual Caccini se atribuía a paternidade.

Cartas de Claudio Monteverdi

VENEZA, 29 DE DEZEMBRO DE 1616
A Alessandro Striggio, Mântua

Meu ilustríssimo senhor e patrão estimadíssimo,

Perdoe-me vossa senhoria ilustríssima se não procurei, por meio de minhas cartas, saber a sua resposta àquela que já há vinte dias eu lhe enviara em atenção à sua amabilíssima carta, a qual foi acompanhada da fábula marítima *Le nozze di Tetide* para me informar com vossa senhoria o que deveria fazer a este respeito, visto que vossa senhoria me havia requerido que, antes de empreender o que quer que fosse, eu lhe deveria dar meu parecer.

Este meu atraso se deve a todo o trabalho que me dera a missa de Natal; pois para compô-la e copiá-la precisei de todo o mês de dezembro, praticamente sem nenhuma pausa. Agora que, pela graça do Senhor, me encontro liberado dela e que tudo se passou de forma honrosa, venho com esta novamente dizer a vossa senhoria ilustríssima que eu me sentirei honrado em saber o que sua alteza sereníssima deseja que eu faça. Pois, encontrando-me desocupado depois de passados os esforços da noite e do dia de Natal, por um tempo estarei sem nada para fazer na São Marcos, por isto começarei a fazer algumas pequenas coisas para a dita fábula, se assim ordenar, mas não farei nada de muito prolongado antes de receber novas ordens de vossa senhoria ilustríssima.

Voltei a olhá-la de forma mais atenta e cuidadosa, e eu vejo que serão necessários muitos sopranos e tenores; pouquíssimos diálogos, os quais serão recitativos e não árias ornamentadas. No que diz respeito aos coros, haverá somente o dos argonautas no navio e este será o mais agradável e vigoroso e será realizado a seis vozes e seis instrumentos. Estão presentes também os Zéfiros e os Ventos Boreais, mas não sei como estes cantam, porém sei bem que sopram e assobiam. Aliás, Virgílio, ao falar dos ventos, adora o verbo *sibilare*,[39] que quando pronunciado imita justamente o efeito do vento. Há ainda dois coros, um das nereidas e o outro dos tritões, mas me parece que estes deveriam ser acompanhados por instrumentos de sopro, pois, vossa senhoria ilustríssima, se assim não for, qual prazer traria aos ouvidos?

E para que vossa senhoria ilustríssima possa constatar esta verdade, envio anexa a lista das cenas conforme ocorrem nessa fábula, a fim de que me conceda o favor de sua opinião.

De toda forma, tudo estará muito bem, já que depende da inteligência de sua alteza seraníssima, à qual prontamente me inclino e me mostro humilíssimo servidor.

Estarei então na espera de uma resposta de vossa senhoria ilustríssima e de tudo que me conceda a graça de ser ordenado. Neste meio-tempo beijo-lhe humildemente as mãos e desejo, com todo afeto, a realização de cada um de vossos honradíssimos pensamentos.

Servidor gratíssimo e devotíssimo de vossa senhoria ilustríssima
Claudio Monteverdi

---

39 Referência à *Eneida*, de Virgílio.

VENEZA, 31 DE DEZEMBRO DE 1616
A Alessandro Striggio, Mântua

Meu ilustríssimo senhor e patrão estimadíssimo,

Já havia enviado ao correio uma minha carta dirigida a vossa senhoria ilustríssima, como bem verá ao receber, e logo em seguida o senhor residente Sordi entregou-me a sua.

Compreendi tudo e colocar-me-ei sem demora a obedecer as ordens de sua alteza sereníssima; e farei o quanto puder e souber com meu inteiro afeto e desejo, procurando fazer algo que demonstre o quanto eu permaneço humilíssimo e devotíssimo servidor de sua alteza sereníssima; suplicando que, na existência de quaisquer defeitos (que bem sei existirão, sendo eu um sujeito medíocre e especialmente neste gênero de canto, por ter estado afastado por um tempo), que sua alteza sereníssima queira conceder-me a graça de sempre ficar satisfeito ao menos pela minha pronta vontade, que sempre será obedientíssima às suas ordens.

Vossa senhoria ilustríssima me faria grande favor em me dizer quem serão as pessoas que irão representar os papéis escritos, de forma que eu possa adequar a cada um deles a música. Por favor, concedei-me a honra de dizer quem fará Tétis, quem fará Proteu, quem fará as sereias e assim por diante para cada personagem; receberei isto como um grande favor.

E aqui, fazendo humilíssima reverência a vossa senhoria ilustríssima, imploro ao Nosso Senhor que lhe conceda toda alegria e felicidade verdadeira.

Servidor humilíssimo e devotíssimo de vossa senhoria ilustríssima
Claudio Monteverdi

Claudio Monteverdi

VENEZA, 6 DE JANEIRO DE 1617
A Alessandro Striggio, Mântua

Meu senhor ilustríssimo e patrão estimadíssimo,

A amável carta de vossa senhoria ilustríssima que acabo de receber, com a lista das pessoas que atuarão na fábula de *Tétis* muito me esclareceu em relação ao que fazer que, possa ser do agrado de vossa senhoria ilustríssima, pois sei que ao mesmo tempo será do agrado de sua alteza sereníssima, a quem desejo com todo afeto fazer algo que possa contentá-la.

Ilustríssimo senhor, devo admitir que quando escrevi a primeira carta em resposta à vossa primeira, que como a fábula a mim enviada tinha como título apenas este – *Le nozze di Tetide: favola maritima* [fábula marítima] –, confesso tê-la tomado como obra a ser cantada e representada em música como o fora a *Arianna*. Mas depois de ter compreendido, pela sua última carta, que a obra serviria como intermédio de uma peça grande, se antes eu a julgara de pouco estofo (tendo em mente o primeiro gênero), compreendido então o contrário, eu a considero obra digna e nobilíssima. Falta porém, ao meu ver, para a conclusão do todo, depois do último verso (*"Torni sereno Il ciel, tranquillo il mare"* [Que o céu volte a ser sereno, tranquilo o mar]), falta, digo, uma *canzonetta* em louvor dos sereníssimos príncipes esposos, cuja harmonia poderá ser ouvida no céu e na terra da cena[40] e sobre a qual nobres bailarinos executariam nobre dança pois parece-me que uma tão nobre conclusão adequar-se-ia a tão nobre projeto. E se, igualmente, se pudesse acomodar ao ritmo de dança os versos que as nereidas deverão cantar, sobre

---

40 Ou seja, na parte alta e na parte baixa do palco.

Cartas de Claudio Monteverdi

os quais experientes bailarinos poderiam dançar graciosamente, isto seria, parece-me, bem mais apropriado.

Tenho alguma reserva em relação aos três cantos das três sereias, tenho a seguinte dúvida: se hão de cantar as três separadamente, muito longa parecerá a obra aos ouvintes, e com pouca variação, pois entre uma e outra será necessária uma sinfonia e floreios, que apoiem os recitativos, além de trilos, o que resultará em certa similitude. Por isto, julgaria, inclusive para variação do todo, que os dois madrigais fossem cantados alternadamente; um, a uma só voz e o outro, a duas vozes, e que o terceiro o fosse a três vozes ao mesmo tempo.

A parte de Vênus, a primeira parte que vem logo após o pranto de Peléas e a primeira a ser ouvida em canto ornamentado, ou seja, com floreios e trilos; eu julgaria por bem que fosse cantada talvez também pela senhora Andriana como voz principal e por suas duas irmãs como respostas em eco, pois no texto se encontra este verso: *"E sfavillin d'amor li scogli e l'onde"* [E brilhem de amor os rochedos e as ondas], mas antes, preparando o espírito dos ouvintes com uma sinfonia em que os instrumentos ocupem, se possível, a metade do palco, pois precedem a isto os seguintes versos: *"Ma qual per l'aria sento/Celeste, soavissimo concento?"* [Mas o que ouço no ar/Celeste e suavíssimo concerto?], e penso que assim a senhora Adriana, ou uma das três outras senhoras,[41] teria tempo de trocar de figurino.

Até o presente momento acredito que esta terá cerca de 150 ou mais versos e penso que até a semana que vem não terá sido concluída. Se Deus quiser, todos os monólogos, ou seja, os

---

41 Esta é uma passagem confusa. Parece-nos que Monteverdi queria com isto dizer: "ou bem, confiar-se-ia esta parte a uma das outras duas senhoras".

Claudio Monteverdi

recitativos, serão terminados e por-me-ei a trabalhar nos cantos ornamentados.

Como tenho a alma desejosa de fazer algo que seja do agrado daquele sereníssimo senhor, queira Deus que eu obtenha um sucesso tal que seus efeitos possam servir de testemunho na graça de sua alteza sereníssima (que tanto adoro e reverencio e à qual, em todo lugar e situação, me dedicarei como humilíssimo servo), mantendo-me não menos gratíssimo servidor de vossa senhoria ilustríssima, que tem me concedido a graça de me manter vivo naquela[42] com seus gentilíssimos hábitos e honrosíssimas maneiras.

Aqui, fazendo humilíssima reverência a vossa senhoria ilustríssima, suplico a Deus, com caloroso afeto, que lhe conceda seus desejos.

Servidor gratíssimo e devotíssimo de vossa senhoria ilustríssima
Claudio Monteverdi

Veneza, 14 de janeiro de 1617
A Alessandro Striggio, Mântua

Meu ilustríssimo e singular senhor e patrão estimadíssimo,

Recebi a amabilíssima carta de vossa senhoria ilustríssima e com esta soube que sua alteza sereníssima chegou, ou dizendo melhor, retornou em boa saúde de Casale (pelo que agradeço ao Senhor) e que sua alteza decidiu que por enquanto não se faça nada em relação à fábula de *Tétis*, sendo que sua vontade é que eu trabalhe em outra.

---

42 Na corte mantovana dos Gonzaga.

Causa-me pena, pois tal fábula estava quase terminada, os recitativos já haviam sido todos escritos. Todavia, sua alteza é soberana e eu sou seu obedientíssimo servidor e acatarei o que vossa senhoria ilustríssima agraciar em ordenar-me. Advirto, porém, a vossa senhoria ilustríssima que pouco será o tempo até a Páscoa para compor uma fábula inteira para se cantar toda em música e para os intermédios da peça grande não seria necessário perder tempo a fazer nada além do estudo. De toda maneira me reconheço como obedientíssimo servidor e que, quando for digno de ordens de sua alteza sereníssima, não deixarei de fazer o que posso para mostrar ao menos meu espírito dispostíssimo, se não o pudesse fazer com minhas escassas forças.

E aqui, fazendo humilde reverência a vossa senhoria ilustríssima, beijo-lhe as mãos e suplico a Deus que lhe conceda toda felicidade.

Servidor humilíssimo de vossa senhoria ilustríssima
Claudio Monteverdi

VENEZA, 20 DE JANEIRO DE 1617

A Alessandro Striggio, Mântua

Meu ilustríssimo senhor e patrão estimadíssimo,

Vossa senhoria ilustríssima advertiu-me da definição do matrimônio de sua alteza sereníssima com a Toscana,[43] do qual

---

43 Trata-se do casamento entre Ferdinando Gonzaga e Caterina de' Medici.

deverá certamente nascer a decisão de se fazer algo em música para esta Páscoa e que, para tal fim, vossa senhoria me mandará uma nova fábula para ser musicada.

Se o respeito em servir à alteza sereníssima do senhor duque de Mântua, meu antigo senhor, não me retivesse em Mântua eu me transferiria seguramente para Florença, tendo eu recebido o convite, em uma carta calorosíssima, do senhor Ottavio Rinuccini,[44] que me aconselha, graças à bela oportunidade dada pelo sereníssimo senhor duque de Mântua, que me transfira para Florença pois, não somente serei bem visto por toda a nobreza da cidade, mas também pelo próprio sereníssimo grão-duque.[45] Que além das presentes bodas de Mântua, esperam-se outras ainda e que isto trar-me-ia muito gosto, pois deixou-me quase compreender que eu seria empregado em alguns trabalhos musicais. Informou-me ainda que toda a cidade de Florença aplaudiu a decisão do matrimônio do sereníssimo de Mântua – que Nosso Senhor faça que assim seja por onde caminhar o sereníssimo senhor duque de Mântua, em todos os seus domínios. Assim, com todo afeto, desejo sempre o bem e rezo a Deus para que assim mantenha aquela sereníssima casa.

Fico, então, no aguardo de ordens de vossa senhoria ilustríssima, lembrando-lhe que a rapidez não combina com algo bem realizado, o que desejo dizer é que se vossa senhoria tardar, não deverá se lamentar por eu não ter feito aquilo que poderia e gostaria de ter feito, caso tivesse tido tempo; neste caso, eu

---

44 Poeta e libretista da *Arianna* e do *Ballo delle ingrate* [Baile das ingratas], musicados por Monteverdi.

45 Cosimo II de' Medici (1590-1621).

pediria ao meu prontíssimo e devotíssimo espírito que suprisse por mim, o mesmo que agora também, com o mesmo respeito, reverencia a vossa senhoria ilustríssima e implora a Deus que lhe conceda toda elevação e alegria.

Servidor humilíssimo e afeiçoadíssimo de vossa senhoria ilustríssima
Claudio Monteverdi

VENEZA, 28 DE JANEIRO DE 1617
A Alessandro Striggio, Mântua

Meu ilustríssimo senhor e patrão estimadíssimo,

Recebi pelas mãos do residente Sordi não somente a carta de vossa senhoria ilustríssima – na qual me ordena, em nome de sua alteza sereníssima, que eu vá a Mântua o quanto antes –, mas também a ocorrência do próprio senhor residente. Nem sua carta nem a ocorrência que a acompanhava poderiam ter de minha pronta vontade outra resposta que não a obediência.

Amanhã, que será dia 29 do presente mês, encontrarei os senhores procuradores, todos os três, reunidos e pedir-lhes-ei a licença que vossa senhoria ilustríssima me ordena pedir, a qual espero receber prontamente, e assim creio que não será necessário recorrer ao senhor residente, sendo que por ora tem o que fazer na São Marcos. Se for porém necessário recorrer a ele, o farei para manifestar minha inteira obediência às ordens de sua alteza sereníssima. De maneira que, quanto a mim, creio que estarei em Mântua ao mais tardar em oito dias. Se o processo demorar a se resolver, não chegará a tardar até a saída do próximo correio, em companhia do qual viajarei, se Deus quiser.

Faço aqui humilíssima reverência a sua alteza sereníssima, agradecendo a Deus que me conceda ser digno das ordens daquele sereníssimo senhor e implorando calorosamente que me faça também digno dos efeitos desta graça sobre a minha pessoa. A vossa senhoria ilustríssima, por fim, faço humilde reverência, suplicando que Deus lhe conceda toda felicidade.

Servidor gratíssimo de vossa senhoria ilustríssima
Claudio Monteverdi

VENEZA, 4 DE FEVEREIRO DE 1617
A Alessandro Striggio, Mântua

Meu ilustríssimo senhor e patrão estimadíssimo,

Tendo obtido de sua serenidade[46] e dos excelentíssimos senhores procuradores[47] a boníssima licença para que eu possa ir por dez ou 15 dias me pôr às ordens de sua alteza sereníssima (pois a carta de vossa senhoria ilustríssima não pedia mais que isto), com ainda a missão, dita pela boca dos senhores procuradores, de fazer noto a sua alteza sereníssima que à primeira requisição eles, sem demora, me consentiram a licença, assim como uma recomendação de suas excelências a ser transmitida à alteza sereníssima. Apressei-me para partir prontamente, aproveitando o retorno do presente correio, para obedecer às ordens de sua alteza sereníssima.

---

46 O doge Giovanni Bembo.
47 Federico Contarini, Nicolò Sagredo, Giovanni Corner e Antonio Landi.

Cartas de Claudio Monteverdi

Mas, tendo sido advertido por diversos senhores que certamente sua alteza sereníssima havia partido para Florença no dia primeiro do presente mês, e tendo-me também o próprio correio dito que no dia em que ele partiu de Mântua (no mesmo dito dia primeiro), se dizia pela cidade que às 22 horas daquele dia sua alteza sereníssima devia partir para Ferrara e, em seguida, se dirigir a Florença. Não estando seguro em relação a isto, fui até o senhor residente Sordi, o qual me confirmou com certeza que sua alteza sereníssima havia partido para Florença.

Por isto, considerando que minha ida seria por ora inútil, para sujeitar-me à licença na qual me encontro agora, assim também aconselhado pelo senhor residente, julguei por bem escrever a vossa senhoria ilustríssima explicando a causa pela qual me retive aqui e dizer-lhe que, se a presença de vossa senhoria ilustríssima for suficiente para essa minha ida, prontamente, com o próximo correio ordinário, me colocarei em viagem e virei ouvir o que vossa senhoria ilustríssima há de me ordenar. Se porém me ordenar que não me mova até o retorno de sua alteza sereníssima, assim o farei e obedecerei, implorando-lhe porém que, se sua alteza sereníssima deseja que eu faça alguma coisa em música, não tarde em me entregar o texto pois não possuo coisa que me seja mais inimiga à minha natureza que a brevidade de tempo para minhas realizações.

Estarei então esperando o que me há de ser ordenado por vossa senhoria ilustríssima, à qual, por fim, faço humilde reverência implorando ao Nosso Senhor, com todo afeto, que lhe conceda toda verdadeira e plena felicidade.

Servidor gratíssimo de vossa senhoria ilustríssima
Claudio Monteverdi

Claudio Monteverdi

Veneza, 11 de fevereiro de 1617
A Alessandro Striggio, Mântua

Meu ilustríssimo e singular senhor e patrão estimadíssimo,

Hoje, dia 11 do mês, quase às 24 horas, me foi entregue a carta de vossa senhoria ilustríssima pelo entregador de cartas do correio, que retornará a Mântua hoje antes do nascer do dia. Assim que, para estar pronto para ir, como desse modo me ordena vossa senhoria, teria sido preciso estar com as botas nos pés (como se costuma dizer) para chegar a tempo de pegar o barco do correio e com este partir em uma má noite, o que poderia me causar alguma doença. Além disto, o clima, que inicialmente estava bom, se transformou em chuva que quase impede que se saia de casa. E ainda a carta de vossa senhoria ilustríssima, que me fazia uma instância tão delicada, foi a razão, assim como pelas acima ditas, para que eu não me pusesse precipitadamente em viagem, seja para ver como permanecerá o clima, seja para que eu possa ir até Pádua de dia, esperando lá comodamente o correio e ainda para tentar que me prolonguem um pouco mais a minha licença (o que vossa senhoria ilustríssima me escreveu para que o fizesse).

E na realidade eu não pensava nem mesmo em partir com o próximo correio (mas quando Deus o quiser estarei pronto a qualquer hora) pois, para dizer a verdade a vossa senhoria ilustríssima, tendo partido sua alteza sereníssima a Florença, eu acreditava que teria me dado as ordens em Veneza e não em Mântua, ou seja, que teria me feito a honra de me enviar a fábula. Tal graça, se vossa senhoria ilustríssima pudesse me conceder, far-me-ia evitar as más estradas e o temor dos bandidos e eu

Cartas de Claudio Monteverdi

poderia ainda servir à igreja de São Marcos, pois se aproxima o tempo da Semana Santa, quando se celebram numerosos ofícios em presença da sereníssima senhoria, que nessa semana vem à igreja, este favor me proporcionaria grande comodidade.

Imploro a vossa senhoria ilustríssima que não diga que o que lhe digo nasce de um espírito não pronto para obedecer às vossas ordens, pois sou realmente desejosíssimo de sempre fazer coisas que sejam do agrado de sua alteza sereníssima, sobretudo esta, que se trata de uma composição feita pelas mãos daquele sereníssimo senhor; mas suplico-lhe que acredite que o que eu disse acima é a pura verdade.

Coloquei frente aos olhos de vossa senhoria ilustríssima toda a questão, assim, se pelo próximo correio for-me transmitida sua ordem, pode ter a certeza que sem réplica farei o que me ordenar. Se resolver enviar-me a obra, prometo me aplicar nesta muito mais do que pensará vossa senhoria ilustríssima, mandando-lhe de semana em semana, pelo correio, o que eu fizer a cada dia.

E aqui, fazendo humilíssima reverência a vossa senhoria ilustríssima, peço a Deus que lhe conceda toda felicidade.

Servidor gratíssimo de vossa senhoria ilustríssima
Claudio Monteverdi

VENEZA, 18 DE FEVEREIRO DE 1617
A Alessandro Striggio, Mântua

Meu ilustríssimo e singular senhor e patrão estimadíssimo,

Assim como me agradava a ideia de ir até Mântua para pôr-me a trabalhar em ocasião dos júbilos de sua alteza sereníssima,

Claudio Monteverdi

ser-me-á extremamente triste permanecer aqui em razão das angústias e dos desgostos daquele sereníssimo senhor ao qual sempre, e com verdadeiro e sincero afeto, suplicarei ao Senhor que conceda alegrias e contentamentos; coisa que tenho esperança de ver, pois ao fim o justo é protegido e defendido pelas mãos de Deus.

Permanecerei aqui então, pois vossa senhoria ilustríssima assim ordena, e ficarei no aguardo da ordem que me dará quando quiser, vivendo sempre, no presente e no futuro, devotíssimo servidor das determinações de sua alteza sereníssima, à qual, se vossa senhoria ilustríssima me permitir por sua gentileza, faço humilíssima reverência.

E a vossa ilustríssima senhoria, por fim, beijo com todo afeto as mãos, suplicando ao Nosso Senhor que lhe conceda toda a merecida felicidade.

Servidor devotíssimo e afeiçoadíssimo de vossa senhoria ilustríssima
Claudio Monteverdi

Veneza, 21 de abril de 1618

Ao príncipe Vincenzo Gonzaga, Mântua

Meu ilustríssimo e excelentíssimo singular senhor e patrão estimadíssimo,

Os afazeres que tive para os dias santos e as festas de Páscoa na São Marcos me mantiveram ocupado e por isto não pude enviar mais cedo a vossa senhoria ilustríssima a música sobre o texto da *Andromeda* [Andrômeda]. Não sei se será de seu agrado, mas bem sei que foi por mim composta com um singular desejo de servir vossa senhoria ilustríssima com grande afeto,

Cartas de Claudio Monteverdi

pois almejo a graça de vossa senhoria ilustríssima, da qual vivo devotíssimo servidor. Por isto, se houver insuficiência de minhas notas musicais, imploro que seja condescendente, contentando-se com a riqueza de meu devotamento, e benquerer.

Recebi igualmente, pelo presente correio, outros versos ainda no mesmo tema da *Andromeda*. Não sei se de agora até a Ascensão poderei fazer o que vossa senhoria ilustríssima me ordena e o quanto desejo, sendo que quinta-feira próxima, que é o dia da Santa Cruz, se exporá o Santíssimo Sangue e terei que ter preparado uma missa *concertata* e motetos para o dia inteiro, pois ficará exposto o dia inteiro em cima de um altar elevado, feito especialmente para a ocasião, em meio à São Marcos. Terei depois que preparar uma certa cantata em louvor de sua serenidade, o doge, como se costuma cantar todo ano no Bucintoro[48] quando vai com todo o cortejo da senhoria se casar com o mar no dia da Ascensão. Terei ainda que pôr em ordem a missa e o *vespro solenne* que durante este período se canta na São Marcos. Assim, meu ilustríssimo senhor, temo que não possa fazer o que gostaria; tentarei, porém, fazer tudo que posso para demonstrar nos fatos o quanto vivo em devoção e como seu devotíssimo servidor.

Para mim seria um imenso favor saber quem cantará a parte do mensageiro para que eu possa pensar na natureza própria da voz e se, nos recitativos, serão um ou dois mensageiros, sendo que veem-se dois: um triste e outro portador de alegria; e sobre aquele coro de mulheres, saber quantas serão, para poder fazer a composição a quatro ou a mais ou menos vozes.

---

48 Galeão dos doges venezianos, com o qual embarcavam no dia da Ascensão para realizar o rito anual do casamento com o mar.

Claudio Monteverdi

E aqui, fazendo a vossa senhoria ilustríssima humilde reverência, imploro ao Senhor, com todo o afeto, que lhe conceda toda felicidade.

Servidor devotíssimo de vossa senhoria ilustríssima e excelentíssima
Claudio Monteverdi

VENEZA, 21 DE JULHO DE 1618

Ao príncipe Vincenzo Gonzaga, Mântua

Meu ilustríssimo e excelentíssimo singular senhor e patrão estimadíssimo,

Pelo presente correio ordinário envio a vossa senhoria ilustríssima o restante do canto do "Mensageiro alegre" que faltava ao outro que já vos enviei.

Gostaria que ele fosse de bom efeito, segundo o afeto de meu espírito, inclinado em servir os gostos de vossa senhoria ilustríssima, o qual teria se empenhado mais se não fosse a dor de cabeça causada pelo calor repentino que sucedeu às chuvas passadas, que o manteve longe dos estudos. Teria atrasado em mandá-lo com o próximo correio para ter tempo de melhorá--lo, mas duvidando que a demora fosse para vossa senhoria ilustríssima mal pior que algum erro de notas musicais, por tal razão decidi enviá-lo com o presente; contentando-me em receber os louvores de um serviço medíocre mas rápido, em vez de um bom e atrasado, pois sei o quanto importa ao cantor o tempo antes da execução. Continuarei musicando os outros versos que tenho aqui, que ainda não foram vestidos de notas, a fim de que vossa senhoria ilustríssima possa ouvir o todo e

Cartas de Claudio Monteverdi

que tenha tempo de me ordenar segundo a sua vontade para refazer aquilo que não for do seu gosto.

Mandarei a vossa senhoria ilustríssima a *canzonetta* cantada pelo coro dos pescadores que inicia com *"Se valor di forti braccia"* [Se o valor de fortes braços] pelo próximo correio ordinário, mas me seria de grande favor saber a quantas vozes e como deverá ser executada e ainda se antes da mesma será feita uma sinfonia de instrumentos e de qual espécie, para que a possa adequar. Ser-me-ia igualmente uma grande graça saber se a *canzonetta* que começa com *"Il fulgore onde risplendono"* [O fulgor onde resplandecem], cantada pelo coro de donzelas, será cantada e dançada, por quais instrumentos será tocada e por quantas vozes será cantada para que eu possa fazer da mesma a música apropriada.

O canto do mensageiro triste que começa com *"Sarà mai ver che veggia"* [Pudesse eu ver um dia] espero poder também em breve entregar a vossa senhoria ilustríssima, à qual por fim beijo as mãos com toda reverência e ao Nosso Senhor imploro que vos conceda toda felicidade.

Servidor humilíssimo de vossa senhoria ilustríssima e excelentíssima
Claudio Monteverdi

VENEZA, 9 DE FEVEREIRO DE 1619
A Alessandro Striggio, Mântua

Meu ilustríssimo senhor e patrão estimadíssimo,

Recebi de vossa senhoria ilustríssima a carta passada, assim como a presente, mas com atraso, pois acompanhei meu filho Francesco, meu filho mais velho, até Bolonha assim que pas-

Claudio Monteverdi

saram as festas de Natal, aproveitando a oportunidade de afastá-lo de Pádua para afastá-lo do bom tempo em que o ilustríssimo senhor abade Morosini passava com ele pelo prazer de ouvir o canto do menino; que ao fim teria me saído um bom cantor, com todas as implicações, como se diria... (Mas é melhor que me cale sobre isto.)[49] Mas é um doutor medíocre — e porém meu pensamento gostaria que ele fosse bom nesse segundo ofício e no primeiro, medíocre, ou por ornamento ao outro. Assim, que para ajudar ao menino e à minha própria satisfação, como bem o fiz, fui, digo, acomodá-lo em Bolonha, na pensão dos Padres dos Servos, mosteiro no qual se lê cotidianamente e se debate, lá estive por cerca de quinze dias para tal fim. Assim sendo, entre ir, permanecer e retornar, posso dizer que acabo de chegar a Veneza, na minha chegada, a dita primeira carta de vossa senhoria ilustríssima me foi entregue.

Mesmo sem a presente segunda carta, que acabo de receber do correio, como devedor que sou de uma resposta à generosíssima carta de vossa senhoria ilustríssima, havia já determinado que, por este presente correio que retorna, teria feito noto a vossa senhoria ilustríssima o que acima lhe narrei. Espero que com sua grande gentileza vossa senhoria ilustríssima aceite a minha sincera desculpa como legítima, assegurando-lhe que se houvesse recebido em tempo a primeira carta e que se eu não houvesse sido impedido por urgência alguma, já haveria posto em prática o que me agraciou em ordenar. Mas, sendo que vossa senhoria ilustríssima se contenta em receber o balé até a Páscoa, quero assegurá--lhe que o receberá, não cometeria essa grave falta de não fazer tudo que eu possa para servir-lhe, para manter-me seu servidor na prática quanto o professo ser na fala e no espírito.

---

49 Uma clara alusão à castração.

Cartas de Claudio Monteverdi

Deus Nosso Senhor conceda o ápice de toda felicidade realizada a vossa senhoria ilustríssima, à qual por fim faço reverência e beijo as honradas mãos.

Servidor devotíssimo de vossa senhoria ilustríssima
Claudio Monteverdi

VENEZA, 7 DE MARÇO DE 1619

A Alessandro Striggio, Mântua

Meu ilustríssimo senhor e patrão estimadíssimo,

Na medida em que vossa senhoria ilustríssima me concede a graça de um pouco mais de tempo para escrever a música sobre o belíssimo texto de vossa senhoria ilustríssima, aceitarei o favor por conta dos afazeres da Semana Santa que terei na São Marcos e também para as festas, ocupações que não são poucas para um maestro de capela em tal período. Além disto, poderei estar melhor de saúde do que atualmente me encontro – espero um clima melhor para fazer um pouco de purgação (que o senhor médico me aconselhou) – e me sentirei livre e disposto, se Deus quiser. Serão duas causas tiradas por mim que não impedirão que eu receba o favor de servir a vossa senhoria ilustríssima, que tanto estimo e à qual sou tão devedor e agradecido e à qual, por fim, faço humilíssima reverência, implorando ao Nosso Senhor que lhe conceda toda felicidade.

Servidor de verdadeiro coração de vossa senhoria ilustríssima
Claudio Monteverdi

Claudio Monteverdi

VENEZA, 22 DE MARÇO DE 1619
Ao príncipe Vincenzo Gonzaga, Mântua

Ilustríssimo e excelentíssimo meu senhor e patrão estimadíssimo,

Certamente o meu caro e por mim muito honrado senhor Marigliani não possui uma, mas mil razões para se lamentar, pois, em virtude de minha afeição e das infinitas obrigações que tenho para com sua senhoria, já há algum tempo deveria ter feito a música sobre aquele seu belíssimo texto,[50] falta pela qual, honestamente, me ruborizo. E juro por Deus, senhor ilustríssimo, que não há dia que não me levante da cama sem o firme pensamento em mandá-las a sua senhoria musicadas (estando eu já em fase avançada). Mas tendo o serviço na igreja de São Marcos me desviado; os filhos e a necessidade de, por eles, ir até Bolonha; a doença que tive (da qual ainda não me restabeleci por completo); e ainda mil outros incidentes que me impediram, de modo que não houve sábado algum no qual eu não suspirasse vendo o correio chegar e em seguida partir sem que eu a ele entregasse a dita música.

Prometo a vossa senhoria ilustríssima que desejo pagar-lhe o débito, pois é para mim entre meus credores o que mais estimo, de forma contrária não ousaria mais aparecer-lhe em frente. Quitarei sem dúvida minha dívida e o farei rapidamente, pois ela diz respeito a vossa senhoria ilustríssima que, pela autoridade de sua palavra (mesmo quando não há escrito algum), me obrigaria a reembolsar o capital inteiro, e não somente uma pequena parte como esta. Mas vossa senhoria ilustríssima con-

---

50 *Andromeda.*

Cartas de Claudio Monteverdi

sidere o seguinte: estarei a Semana Santa inteira na São Marcos e igualmente nas festas; assim que estas se encerrarem, antes mesmo do sábado seguinte enviarei a satisfação.

Suplico porém a vossa senhoria ilustríssima e igualmente imploro ao meu senhor Marigliani que não me desacreditem, pois seria injustiça com minha pobre alma, que vive devotíssima servidora e atentíssima a qualquer ordem. E aqui, fazendo humilíssima reverência a vossa senhoria ilustríssima, peço a Deus Nosso Senhor que lhe conceda felizes festas e toda completa felicidade.

Servidor devotíssimo e gratíssimo
de vossa senhoria ilustríssima e excelentíssima
Claudio Monteverdi

VENEZA, 19 DE OUTUBRO DE 1619
A Alessandro Striggio, Mântua

Meu ilustríssimo senhor e patrão respeitabilíssimo,[51]

Se o impressor, como bem havia me prometido, me houvesse entregado minha pequena obra,[52] já a teria apresentado à madame seressíssima, à qual é dedicada, para obter de sua infinita bondade e generosidade aquela graça que igualmente

---

51 Aqui Monteverdi usa excepcionalmente o tratamento *osservandissimo* no lugar de *collendissimo*, sendo o primeiro levemente inferior no que diz respeito às formas de saudação.

52 Trata-se do *Settimo libro dei madrigali* [Sétimo livro de madrigais] (1619), dedicado a Caterina de' Medici, esposa do duque Ferdinando Gonzaga.

65

Claudio Monteverdi

me concedeu a sereníssima madame Leonora[53] (que esteja na glória divina), que me agraciou em me contar entre os seus poucos, sim, mas devotos e fiéis servidores. Graça que me certificava uma verdadeira ajuda (e genuína, por ter sido merecida com fatos) por meio de um pequeno fundo, ou salário, do qual me era possível obter uma pequena renda, para mim tão necessária, de 100 escudos, designada a mim pelo sereníssimo duque Vincenzo, de gloriosa memória.

Mas o atraso desse impressor foi, e é ainda, a causa por eu não estar em Mântua e ainda não ter ido. Espero porém que dia 8 ou 10 do próximo mês tudo esteja pronto. Se o sereníssimo senhor duque Ferdinando não tiver partido para Casale, como em breve o fará (de acordo com o que se diz por aqui), virei então apresentá-la, e com esta trarei, se não a Égloga de vossa senhoria ilustríssima completa,[54] ao menos a maior parte desta trarei musicada por mim.

E asseguro vossa senhoria ilustríssima que as lembranças de suas singulares virtudes e as obrigações que tenho e o grande desejo de sempre servi-la sempre me mantiveram e me manterão com a viva e ardente memória de fazer o que me agraciou ordenar-me. E se eu atrasei, esteja certa de que uma urgente tarefa me desviou para outra coisa, para grande desprazer de minha alma, pois assim quer Deus: que eu seja servo e nunca patrão de mim mesmo.

Fique então segura vossa senhoria ilustríssima que em breve terá uma boa parte da Égloga, e ainda antes do Natal tê-la-á in-

---

53 Eleonora de' Medici, esposa de Vincenzo Gonzaga, falecida em 1611.

54 Égloga de Apolo.

teira entre suas mãos. Não argumente, em relação ao meu atraso, que tenho frieza em servi-la, pois meu espírito não caminha no mesmo ritmo de minhas forças externas; se estas mancam, aquele voa e não se rende a nenhum outro que deseje ser seu servidor, e que deseja ardentemente que as mãos de Deus lhe concedam toda felicidade.

Aqui, com todo o afeto do coração, beijo as mãos de vossa senhoria ilustríssima.

Servidor devotíssimo de vossa senhoria ilustríssima
Claudio Monteverdi

VENEZA, 13 DE DEZEMBRO DE 1619
A Alessandro Striggio, Mântua

Meu ilustríssimo senhor e patrão respeitabilíssimo,

Sem falta, assim que passar a festa da noite do Nosso Senhor, todo o tempo que seguir me dedicarei a servir a vossa senhoria ilustríssima, mais por obrigação minha que pelas ordens de vossa senhoria ilustríssima, a qual estimo infinitamente. Não partirão o primeiro ou o segundo correio ordinário sem que eu tenha terminado tudo. Não peço outra coisa a não ser ver completada esta obra, afinal, já tenho metade dela terminada. Assim, dou a vossa senhoria ilustríssima a segurança e a confirmação de que não ficará bloqueada por minha causa.

Tenho pronta e impressa uma minha pequena obra[55] para apresentar à madame sereníssima e estou esperando seu retor-

---

55 *Settimo libro dei madrigali*, op. cit.

no para o Carnaval, mas caso não aconteça, resolverei enviá-la e não mais levá-la, o que faria sem dúvida caso ela volte a Mântua. Hospedar-me-ei, porém, com meu sogro por conta de meus filhos mais do que por minhas próprias necessidades. Permanecerei infinitamente agradecido a vossa senhoria ilustríssima, unindo a esse agradecimento meu ardente desejo em servi-la a fim de que me seja um estímulo para realizar o quanto antes o que é de meu dever.

Neste meio-tempo, conserve-me como seu servidor, enquanto lhe faço reverência e lhe beijo as mãos com todo o meu afeto.

Servidor de verdadeiro coração de vossa senhoria ilustríssima
Claudio Monteverdi

Veneza, 13 de dezembro de 1619

A Paolo Giordano II Orsini, duque de Bracciano, Bracciano

Meu ilustríssimo e excelentíssimo senhor e patrão estimadíssimo,

Venho com esta render infinitas graças à infinita bondade de vossa excelência, que me agraciou com a honra de me fazer encomendas, meio pelo qual me dá a possibilidade de poder, por escrito, me mostrar servidor de vossa excelência, de respeitada reverência e de dispor de minha pessoa para fazer o que me dignou ordenar.

Deus queira que meu trabalho corresponda ao meu reverente afeto para que ele sirva na sua graça como cálida prece para novas encomendas a fim de que vossa excelência possa com razão, e com minha devoção, me considerar um servidor não inútil.

Cartas de Claudio Monteverdi

Recebi de volta, pelo mensageiro, o livro[56] com a generosíssima carta de vossa excelência e a levei sem tardar ao impressor, que me deu, escrito de próprio punho, a presente informação que envio a vossa excelência para que tudo seja feito ao seu gosto. Assim que receber a resposta, rapidamente fá-lo-ei iniciar o trabalho e serei diligente para que vossa excelência seja inteira e completamente servida.

Novamente imploro-lhe para que me mantenha entre seus humildes servidores, enquanto, com toda reverência, me inclino e imploro a Deus que lhe conceda toda felicidade.

Servidor humilíssimo e devotíssimo de vossa excelência ilustríssima
Claudio Monteverdi

VENEZA, 3 DE JANEIRO DE 1620

A Paolo Giordano II Orsini, duque de Bracciano, Bracciano

Meu ilustríssimo e excelentíssimo senhor e patrão estimadíssimo,

Venho fazer noto a vossa excelência que entreguei ao impressor a sua carta para que ele pudesse receber seu dinheiro. Assim que ele a recebeu e entendeu o anseio de vossa excelência, se pôs a dar início à obra com grande desejo em dar a vossa excelência toda satisfação e, para que veja um sinal de tal verdade, ele me entregou a presente folha que iniciou a imprimir, assegurando-me que não descansará até terminar tudo. Espero que daqui a quinze dias ele tenha terminado.

---

56 *Il primo libro d'arie a una e due voci con un dialogo in fine* [O primeiro livro de árias a uma ou duas vozes com um diálogo no fim], Veneza, Vincentini, 1620, do compositor cremonês Francesco Petratti.

Pareceu-me prudente enviar a vossa excelência a tal folha, não tanto pela razão dita, mas para que vossa excelência veja a impressão, pois se for necessário, em relação a esta, vossa excelência possa dar ordens para que se permitam satisfazer seus desejos e ao mesmo tempo eu possa servi-la.

A singular honra que vossa excelência concede à minha pessoa em poder cumprir suas ordens é tal que serei para sempre servidor agradecido e humilíssimo de vossa excelência, à qual com toda reverência me inclino e peço a Deus Nosso Senhor o ápice de toda felicidade.

Servidor humilíssimo e devotíssimo de vossa excelência ilustríssima
Claudio Monteverdi

VENEZA, 9 DE JANEIRO DE 1620
A Alessandro Striggio, Mântua

Meu ilustríssimo senhor e patrão estimadíssimo,

Envio a vossa senhoria ilustríssima o *Lamento d'Apollo* [Lamento de Apolo]; pelo próximo correio ordinário lhe mandarei do início até o ponto em que atualmente estou, pois já está praticamente terminado, faltando-me ainda somente uma rápida revisão.

Na passagem em que o Cupido inicia a cantar, me pareceria bom que vossa senhoria ilustríssima acrescentasse outros três versos de métrica similar e de mesmo sentido para que se possa repetir uma vez a mesma ária; esperando que essa nuança de alguma alegria não cause um efeito ruim, dando sequência de forma contrária ao afeto doloroso de Apolo que, com a mudança do modo de falar e da harmonia, muda também o texto.

Cartas de Claudio Monteverdi

Teria enviado o presente canto a vossa senhoria ilustríssima pelo último correio, mas o senhor Marigliani me enviou, com uma carta a mim dirigida, uma ocorrência urgente do senhor dom Vincenzo[57] para que eu termine a iniciada *Andromeda*, fábula do dito senhor Marigliani, para poder apresentá-la a sua alteza sereníssima neste Carnaval no seu retorno de Casale. Mas, como serei obrigado a mal fazê-la por ter que terminar com pressa, assim também acredito que será mal recitada e mal executada por conta do brevíssimo tempo; surpreende-me que o senhor Marigliani queira se colocar em tão duvidosa tarefa, pois não teríamos tido tempo, mesmo se a tivéssemos começado a ensaiar antes do Natal, nem mesmo de aprendê-la! Então reflita vossa senhoria ilustríssima no que pensa em fazer, sendo que faltam mais de quatrocentos versos a ser musicados! – não posso pensar outra coisa que não seja uma má recitação dos versos, um mal concerto dos instrumentos e uma má execução das harmonias. Não são essas coisas a serem feitas com pressa, o sabe que a *Arianna* nos demandou cinco meses de ensaios aplicados depois de a termos decorado.

É por isto que, se eu pudesse obter da mão de vossa senhoria ilustríssima um escrito dizendo que o desejo de sua excelência se limita ao balé de vossa senhoria ilustríssima (desde que este também fosse seu desejo), esperaria que este pudesse bastar e fosse bem-sucedido, pois para uma coisa tão breve tal prazo seria justo, e eu poderia comodamente concluir a *Andromeda*. E com o tempo cômodo poderia fazê-la ser decorada e depois, com um resultado correto, fazê-la ser ouvida. Assim, com o pensamento mais

---

57 Príncipe Vincenzo II Gonzaga, irmão mais novo do duque Ferdinando.

aplicado, me concentraria em seu balé pois, de maneira contrária, sendo obrigado a servir o senhor dom Vincenzo e vossa senhoria ilustríssima em tão pouco tempo, creio sinceramente que as notas que lhe enviarei serão mais impróprias que próprias. Sei que me dará razão, pois lembrará que o serviço eclesiástico me afastou um pouco do gênero de música para teatro e que antes que esse gênero me volte a ser familiar (levando em consideração o breve tempo e a quantidade a se escrever), terei que mandar em vez de uma música apropriada, meras notas. Todavia, estou desejoso de, com minha alma, servir à sua excelência, à vossa senhoria ilustríssima e ao senhor Marigliano, e por isto peço a vossa senhoria ilustríssima que leve esse negócio de forma que todos fiquem satisfeitos. Caso contrário, farei o que puder com todo meu coração.

Ficarei honrado se vossa senhoria ilustríssima me disser se a presente música é de seu agrado. Se não o for, me informe e tentarei fazer o máximo que souber para servi-la. Com este afeto fervoroso beijo as mãos de vossa senhoria ilustríssima e peço a Deus que vos conceda toda felicidade.

(Queira me avisar também sobre que tipo de balé deverá ser feito no final.)

Servidor de coração de vossa senhoria ilustríssima
Claudio Monteverdi

VENEZA, 16 DE JANEIRO DE 1620
A Alessandro Striggio, Mântua

Meu ilustríssimo senhor e patrão estimadíssimo,

Mando a vossa senhoria ilustríssima o início do balé. Queira Deus que faça o mesmo efeito na sua graça que obtive o *Lamen-*

Cartas de Claudio Monteverdi

to que lhe enviei, sendo que em sua gentilíssima carta me demonstrou ter sido este de muito agrado, ter tido conhecimento de tal novidade foi para mim um consolo não ordinário – pois amo e reverencio com todo afeto de meu coração o senhor conde Alessandro, meu senhor.

Não sei se poderei mandar mais coisas pelo próximo correio, pois sua excelência me deu a nova tarefa de que antes lhe envie a música da *Andromeda*, e me vejo assim obrigado a não poder me empenhar em nada mais. Queira também vossa senhoria ilustríssima me fazer o grande favor de assegurar a sua excelência que, sem falta, entre esta e a próxima semana tudo lhe será dado por escrito. Queira Deus que a brevidade do tempo não lhe seja prejudicial.

Sei que em breve sua alteza sereníssima estará em Mântua e eu, para apresentar-lhe algumas minhas musiquinhas, espero também estar em Mântua e lá, onde vossa senhoria ilustríssima achar conveniente, estarei pronto para servi-la com todo meu coração.

E aqui, fazendo humilde reverência, peço a Deus que lhe dê toda felicidade.

Servidor devotíssimo de vossa senhoria ilustríssima
Claudio Monteverdi

VENEZA, 25 DE JANEIRO DE 1620

A Paolo Giordano II Orsini, duque de Bracciano, Bracciano

Meu ilustríssimo e excelentíssimo senhor e patrão estimadíssimo,

Enquanto venho render graças a vossa excelência pela singular honra que me concedeu com a sua presente carta generosíssima por mim recebida, que me fez digno de sua almejada graça, bondade tão singular que fará de mim para sempre um servidor gratíssimo de vossa excelência; venho ao mesmo tempo suplicar-lhe que me conceda a graça de me fazer novas encomendas.

Agora que o impressor está enviando pelo presente correio quatro cópias da obra terminada[58] ao senhor cavaleiro Fei[59] para que este as apresente a vossa excelência, espera ordens sobre o que deverá fazer com aquelas que lhe restam e para que – antes que as divulgue, caso tenham ocorrido alguns pequenos erros (pois não é possível que o olho não tenha deixado passar alguma coisa) – sejam feitos os ajustes.

Venho também suplicar a vossa excelência que se digne a aceitar aquela minha cópia manuscrita dos madrigaizinhos que agora foram mandados para impressão, cópia que fiz chegar pelo último correio ordinário às mãos do senhor cavaleiro Fei para que, em meu nome, apresentasse-lha, suplicando-lhe que considerasse mais a minha devoção que o pouco mérito destes. Com a qual, por fim, reverendissimamente me inclino e peço que o Senhor lhe conceda instantaneamente toda felicidade.

Servidor humilíssimo e gratíssimo de vossa senhoria ilustríssima
Claudio Monteverdi

---

58 Cit. nota 36
59 O mordomo do duque.

Cartas de Claudio Monteverdi

VENEZA, 1º DE FEVEREIRO DE 1620

A Alessandro Striggio, Mântua

Meu ilustríssimo senhor e patrão estimadíssimo,

Recebi a gentilíssima carta de vossa senhoria ilustríssima e compreendi o motivo do atraso e também o que vossa senhoria ilustríssima deseja de mim.

Respondo a vossa senhoria ilustríssima que parei o trabalho, acreditando que não desejasse mais que fosse feito; agora que vossa senhoria ilustríssima me indica que a fará representar eu lhe asseguro que, se pelo próximo correio ordinário não receber tudo o que falta, pouco restará nas minhas mãos para ser concluído. Basta que vossa senhoria ilustríssima me avise, uma vez terminados os versos, o que mais devo fazer, pois caso vossa senhoria ilustríssima queira um balé que seja também cantado, me mande o texto que tentarei, imitando as palavras, encontrar algo que se acomode à métrica que me dará e, mesmo que a métrica seja sempre a mesma em todos os versos, variarei de vez em quando o tempo.

Aqui, alguns senhores ouviram o *Lamento di Apollo* e gostaram tanto da invenção, dos versos e da música que pensaram, depois de uma hora de concerto — concerto que se tornou hábito de se realizar na casa de um certo senhor da família Bembo, onde a audiência é formada de senhores e damas de primeiríssima classe —, pensaram, digo, em pôr em um pequeno palco essa bela ideia de vossa senhoria ilustríssima. Por isto, se devo eu compor o balé, preciso que vossa senhoria ilustríssima me envie o quanto antes os versos; se não for possível, acrescentarei um balé à minha escolha para que se desfrute a bela obra de vossa senhoria ilustríssima.

Tinha em mente ir até Mântua para apresentar meus livros, que agora mandei imprimir, dedicados à madame sereníssima, para me encaminhar mais justamente em direção a esse objetivo ao qual aspiro e pelo qual peno, para poder tomar posse de uma vez por todas daquele pouco que o sereníssimo senhor duque Vincenzo, em feliz memória, se dignou a me doar. Mas, lembrando-me que a peça do senhor Marigliani cairia inteira sobre minhas costas, e sabendo que, tendo tempo, um graveto pode suportar uma grande abóbora, mas, sem tempo, seria impossível sustentá-la sem que se quebrasse; para que eu também não me quebre em minha saúde enfraquecida, não quis ir com tão pouco tempo para sustentar esse peso impossível pois, se queremos enfrentar essa construção, necessitamos de outra coisa que não a pressa (e mesmo com tempo não será fácil portá-la bem). Eis porque decidi ficar e eu não me arrependo pelos meus interesses, mas para não morrer deixaria qualquer interesse do mundo.

O trabalho de vossa senhoria ilustríssima me era querido pois já o havia amadurecido, além do que ele era bastante curto, por isto teria sido um prazer para mim poder servi-la, assim como será sempre que vossa senhoria ilustríssima me conceder a graça de me dar ordens, à qual beijo as mãos com todo afeto de meu coração e peço a Deus todo verdadeiro bem.

Servidor devotíssimo de vossa senhoria ilustríssima
Claudio Monteverdi

Cartas de Claudio Monteverdi

VENEZA, 8 DE FEVEREIRO DE 1620
A Alessandro Striggio, Mântua

Meu ilustríssimo senhor e patrão estimadíssimo,

Recebi a gentilíssima carta de vossa senhoria ilustríssima e pude ver como continuamente me faz digno de sua graça, pois sempre o demonstra, com sinais e com corteses agradecimentos, que o meu servir não lhe desagrada; isto aumenta minha ousadia em vos enviar outras músicas que faltavam para a Égloga[60] gentilíssima e belíssima de vossa senhoria ilustríssima. Falta ainda fazer a parte do rio que, agora que sei que será cantada pelo senhor Amigoni,[61] enviá-la-ei com o próximo correio ordinário, e sem dúvida a farei com ainda mais prazer, pois será mais ajustada, sendo que agora sei quem a cantará.

Soube também que se comprazerá ainda em dar-me a possibilidade de servi-la com outra coisa, visto que recebeu as músicas já compostas. Se, pelo momento, vossa senhoria ilustríssima não se dignar de honrar-me com outras encomendas, não deixarei de lhe suplicar que me conceda uma graça: que se digne a apresentar em meu nome à madame sereníssima os meus madrigais dedicados àquela alteza, os quais eu acreditava poder apresentar eu mesmo se tivesse podido chegar até Mântua, mas impedimentos me proíbem. Esses, se vossa senhoria ilustríssima se dignar de me honrar com tal favor, serão entregues por meu sogro em suas mãos.

---

60 Égloga de Apolo.
61 Giovanni Amigoni, baixo.

Se eu mesmo fosse, não esperaria nada além de me recomendar à graça daquela sereníssima senhora e à sua proteção para que um dia fosse agraciado com o sereníssimo senhor duque em receber meu fundo do qual poderia obter aquela pensão anual. Pois assim, além de ver agraciado um servidor de tantos anos de esforços e de alguma fama no mundo, veria ainda a câmara ducal livre de tal obrigação. Se a gentileza de vossa senhoria ilustríssima quiser agregar alguma ajuda em tal escopo, conhece a minha história tanto quanto eu mesmo e aquilo que o príncipe pode fazer para esse propósito. Se vossa senhoria ilustríssima se dignar a me ajudar, estará também ajudando meus dois filhos que estão estudando, que também são filhos de Mântua e súditos daquelas altezas; os quais desejo que um dia se mostrem aos seus senhores naturais não indignos da graça destes, pois um tende ao doutorado em lei e o outro, ao de medicina. Sem a graça de suas altezas não me é possível receber em bom prazo a renda de meus semestres passados e por consequência não poderei ajudá-los com aquele dinheiro, como faria se o tivesse.

Se minha demanda na graça de vossa senhoria ilustríssima for muito grande, culpe a sua gentileza, que me deu tal garantia, e a grande necessidade de ter sua graça, a qual será sempre honrada e reverenciada por mim e meus filhos. Permaneço, como sempre, servidor de vossa senhoria ilustríssima e, beijando-lhe as mãos, imploro a Deus que lhe dê toda felicidade.

Servidor gratíssimo de vossa senhoria ilustríssima
Claudio Monteverdi

Cartas de Claudio Monteverdi

VENEZA, 15 DE FEVEREIRO DE 1620
A Alessandro Striggio, Mântua

Meu ilustríssimo senhor e patrão estimadíssimo,

Envio a vossa senhoria ilustríssima o canto de Peneo e os três versinhos para Apolo que eu havia esquecido. O presente canto de Peneo foi feito por mim no gênero *alla bastarda*,[62] pois sei o quanto vale esse gênero na boca do senhor Amigoni; isto servirá para diversificar dos outros cantos e distinguirá essa divindade, que canta somente uma vez. Queira Deus que eu tenha acertado o gosto de vossa senhoria ilustríssima.

Enviarei a vossa senhoria ilustríssima os livros pelo próximo correio ordinário, se Deus quiser, esperando ser digno de receber tal singular graça que tanto desejo e que vossa senhoria, com tanta bondade, me concede; graça que para sempre guardarei no coração pois, se me faltam ocasiões (por minha má sorte) para podê-la servir, jamais faltará em mim a calorosa vontade para implorar a Deus que felicite sempre a pessoa de vossa senhoria ilustríssima.

Pelo próximo correio ordinário enviarei as pequenas sinfonias. Nesse ínterim, beijo-lhe as mãos e peço a Deus que lhe conceda toda felicidade.

Servidor de coração inteiro de vossa senhoria ilustríssima
Claudio Monteverdi

---

62 Provavelmente um gênero em que se misturam os registros de baixo e o de falsete.

Claudio Monteverdi

VENEZA, 15 DE FEVEREIRO DE 1620
A Ercole Marliani, Mântua

Meu senhor mui ilustre e patrão respeitadíssimo,

Pelo próximo correio ordinário enviarei a vossa senhoria o canto a oito vozes[63] e, sendo que vossa senhoria não me encomendou outra coisa acredito que com essas presentes composições que lhe envio não terei mais ocasião de obedecê-la.

O que vossa senhoria se dignou em me ordenar foi um tipo de serviço que me fez servidor ainda mais agradecido a vossa senhoria, pois me encomendou algo que muito me honrou e sei o quanto me favoreceu. Vejo-me em relação a vossa senhoria como aquele tipo de servidor que merecia que o servidor pagasse o patrão; mas, sendo eu o servidor e vossa senhoria o patrão, por consequência com forças muito desiguais, pelo menos queira se contentar que eu me nomeie obrigado para sempre à pessoa de vossa senhoria, à qual beijo as mãos como sempre e peço a Deus que lhe conceda tudo de bom.

Servidor agradecido de vossa senhoria muito ilustre
Claudio Monteverdi

---

63 Uma das peças da *Andromeda*.

Cartas de Claudio Monteverdi

VENEZA, 22 DE FEVEREIRO DE 1620
A Alessandro Striggio, Mântua

Meu ilustríssimo senhor e patrão estimadíssimo,

Recebi pelo correio a amabilíssima carta de vossa senhoria ilustríssima, mas com tamanho atraso que somente agora pude ter tempo para escrever a presente resposta, também ainda não tive tempo de me organizar e nem mesmo para pedir licença ao serreníssimo[64] e aos senhores excelentíssimos procuradores, meus patrões, como é sempre necessário fazer como bem sabe vossa senhoria ilustríssima, pois quem é servo deve viver em obediência. Além disso, eu poderia estar melhor de saúde, pois fatiguei-me muito neste Carnaval.

É por isto que meu coração lamenta por não poder obedecer às suas ordens, mais por não poder demonstrar na prática como lhe sou um servidor obediente, do que por esperar que se realizasse meu desejo de poder, finalmente, desfrutar daquelas terras que o serreníssimo senhor duque Vincenzo se dignou prometer-me em doação. Pois, pela singular intercessão que vossa senhoria ilustríssima fez com o serreníssimo faz com que eu, enquanto viver, tenha obrigações com vossa senhoria ilustríssima; pude ver, como de hábito, como vossa senhoria ilustríssima traz boas esperanças para o futuro e não, como sempre esperei e espero ainda, poder ter resultados no presente, pois são exatamente essas as suas palavras: "e embora ainda não tenha conseguido uma resolução, tenho grandes esperanças de que se vier neste Carnaval até aqui obterá o intento" — resposta tal que, senhor

---

64 Antonio Priuli, doge eleito em 1619.

ilustríssimo, sempre tive da Casa Gonzaga, para minha desgraça; sempre obtive o futuro e nunca o presente. Por isto fico amedrontado, pois, se me fosse concedido tempo e saúde para poder obedecer às presentes ordens de vossa senhoria ilustríssima, tenho certeza de que retornaria com as mesmas esperanças de sempre no bolso e teria levantado, como ocorreu da vez passada, a suspeita de que eu tivesse querido trocar de patrão, pois aqui foi posto na cabeça do sereníssimo que eu tivesse ido até Mântua para mudar de serviço e tive muito trabalho para tirar-lhe da mente tal suspeita.

Vossa senhoria ilustríssima me fará a graça de me perdoar se não vou imediatamente obedecer a suas ordens pelos impedimentos ditos acima. E porque vossa senhoria ilustríssima me concedeu a graça de apresentar em meu nome os meus madrigais à madame sereníssima, os envio por meu sogro, que levá-los-á até vossa senhoria ilustríssima e se colocará aos vossos serviços até a madame, e suplico que faça minhas desculpas sobre as razões dos impedimentos acima narrados e lhe assegure que vivo como humilíssimo e devotíssimo servidor e que confio meu negócio à infinita bondade de sua alteza sereníssima.

Eis aqui a sinfonia para Cupido e outra para a abertura.[65] Se vossa senhoria ilustríssima me considera bom em alguma outra coisa, pelo amor de Deus, faça-me digno de suas honrosas encomendas, pois maior favor não poderei receber de minha sorte.

E aqui, beijando-lhe as mãos com todo o afeto de meu coração, peço a Deus que lhe dê toda felicidade.

Servidor gratíssimo de vossa senhoria ilustríssima
Claudio Monteverdi

---

65 Peças da Égloga de Apolo.

Cartas de Claudio Monteverdi

Veneza, 29 de fevereiro de 1620
A Alessandro Striggio, Mântua

Meu ilustríssimo e singular senhor e patrão estimadíssimo,

Se, na verdade, eu tivesse tido mais tempo para poder pedir licença aos meus senhores patrões e se estivesse me sentindo melhor de saúde, volto a assegurar a vossa senhoria ilustríssima que teria ido e obedecido às suas ordens, mesmo tendo a certeza de que as esperanças seriam reduzidas em relação às prorrogações de sempre e não teria me parecido estranho que as coisas tivessem ainda se prolongado, estando eu já acostumado a receber tais respostas.

Estou porém seguríssimo, pela singular afeição que sua senhoria ilustríssima me tem, que teria com eficácia me honrado neste meu serviço, e tenho certeza de que as esperanças que sua senhoria ilustríssima me prometia eram bem fundadas, mas a julgar pela minha sorte em Mântua, cada vez que vi a palavra "esperança" acompanhada do tempo futuro, me mostraram um final bem diferente do princípio; eu poderia narrar mil exemplos de coisas que me aconteceram em Mântua. Quisera Deus que eu pudesse contar os efeitos dessas esperanças ou, melhor dizendo, porque agora sirvo outro senhor enquanto talvez, se as coisas tivessem ido segundo minhas esperanças, serviria ainda em Mântua, mesmo se ao duque Vincenzo pudesse servir somente em preces, não podendo mais para com sua gloriosa pessoa. E sei que tudo nasceu de minha má sorte e não da generosidade dos príncipes, os quais sei serem magnânimos. Ilustríssimo senhor, a dúvida que tenho em relação à certa esperança que vossa senhoria ilustríssima se dignou me acenar não nasceu em mim como algo imediato vindo da pessoa de vossa senhoria ilustríssima, mas como esperança que passa na pessoa de vossa senhoria ilustríssima, pois quem a concedeu pode também retirá-la e disto nasce a minha dúvida, temendo arriscar o certo pelo incerto.

Se eu pudesse receber das mãos de Deus e daquele sereníssimo senhor um fundo que me desse, segundo minhas necessidades, aqueles 100 escudos, quanto ficaria contente! Não peço mais que isso para não provocar Deus. De toda maneira, porém, serei sempre humilíssimo servidor àquela sereníssima casa, e sempre pedirei a Deus que lhe conceda toda glória, toda alegria e todo verdadeiro bem, esperando que Deus não faltará em recompensar a mim mesmo e aos meus filhos; não deixarei de demonstrar como puder a minha devoção e a minha reverência.

Minha alma lamenta tê-la incomodado tanto, mas culpe sua infinita gentileza que me encorajou a fazê-lo. Imploro então que me perdoe, enquanto agradeço com todo meu coração vossa senhoria ilustríssima da honra que me fez em ter-me feito digno de suas honradas ordens, das quais peço a Deus que muitas vezes me faça digno, enquanto peço a Ele, com todo afeto, o ápice de toda felicidade e lhe faço humilde reverência.

Servidor gratíssimo de vossa senhoria ilustríssima
Claudio Monteverdi

VENEZA, 29 DE FEVEREIRO DE 1620
A Paolo Giordano II Orsini, duque de Bracciano, Bracciano

Meu ilustríssimo e excelentíssimo senhor e patrão estimadíssimo,

Venho com esta render infinitas graças a vossa excelência pelo singular favor que me fez vossa excelência, em me fazer digno servidor de sua graça por meio de suas generosíssimas cartas. Buscarei sempre, no que puder, manter-me digno de um tão alto favor. Suplico-lhe, porém, com caloroso afeto, que se lembre de me avisar pela graça de suas ordens para que na justa ocasião eu possa mostrar-me o servidor não inútil que desejo ser para vossa excelência.

O impressor compreendeu o que vossa excelência ordenou em sua carta e não deixará de encontrar uma ocasião oportuna para enviar os livros que lhe deve. Continuarei solicitando-o a ele, mesmo sabendo que isto é inútil, pois ele vive como servidor devotíssimo de vossa excelência, à qual com toda reverência me inclino e peço a Deus Nosso Senhor o ápice de toda felicidade.

Servidor humilíssimo e devotíssimo de vossa senhoria ilustríssima
Claudio Monteverdi

Veneza, 8 de março de 1620
A Alessandro Striggio, Mântua

Meu ilustríssimo senhor e patrão estimadíssimo,

Sou tão devedor a vossa senhoria ilustríssima em minha vida que se pode dizer que, se eu gastasse todo meu sangue, tenho certeza de que não pagaria minha dívida. Implorarei a Deus que sempre lá onde eu não aguentar com minhas pobres forças, queira Sua Divina Majestade vir em minha ajuda.

A caríssima carta de vossa senhoria ilustríssima chegou tarde às minhas mãos, assim lhe peço o favor de dar-me tempo até o próximo correio ordinário para que eu possa pensar no segundo capítulo desta. Muito embora eu esteja certíssimo de que vindo das mãos de vossa senhoria ilustríssima não poderia resultar em algo que não seja para meu maior bem e maior descanso. No entanto, me fará imenso favor contentando-se em receber minha resposta pelo próximo correio. Suplico-lhe porém que a proposta feita a mim pela infinita bondade de sua alteza sereníssima, tendo ou não sucesso, não seja conhecida por nenhum cantor, nem instrumentista, nem outros que estejam na profissão de música de sua alteza sereníssima; pois lhe certifico que assim que a escutassem a divulgariam aqui em Veneza, o que me prejudicaria. E esta foi uma das principais causas pelas quais não quis tratar de tal negócio com o senhor dom Francesco Dognazzi,[66] quando em novembro passado esteve aqui em Veneza com a incumbência de me passar o favor por parte de sua alteza sereníssima, que era exatamente de me oferecer o serviço. Mas ele, por ser da profissão, por consequência tinha muita paixão e não conseguia manter segredo, pois me chegou aos ouvidos que havia rumores que diziam que eu voltaria para Mântua...

Mais ainda: há um mês, quando deixei entender que, uma vez que suas altezas haviam voltado de Casale, eu gostaria de levar e apresentar-lhes meus tais livros, o ilustríssimo senhor Premicerio,[67] filho do excelentíssimo senhor procurador, meu senhor de Ca' Cornari, disse-me: "Acredita-se que esta sua viagem até Mântua seja para ficar" – e provavelmente foi este um dos principais motivos que me fizeram não levar pessoalmente os tais livros, pois, caro senhor, a substância me deve ser

---

66 Maestro de capela do duque até 1619, nomeado após as recusas de Monteverdi.

67 Marco Antonio Cornaro, principal dignitário da igreja de São Marcos.

mais preciosa que o acidente. Agora que o negócio se encontra nas mãos de vossa senhoria ilustríssima, que possui todas as qualidades para tratar em meu favor e sem me prejudicar, farei de tal maneira que pelo próximo correio ordinário lhe direi o que penso, tentando apoiá-lo em justificativas e, caso não tiver sucesso, esperarei que não me traga danos nem ao meu presente serviço nem na graça de sua alteza sereníssima, a qual honro e reverencio tanto quanto meu maior bem que possa existir neste mundo.

Soube do sucesso que tiveram aquelas minhas modestas notas, ajudadas, protegidas e solevadas pelo enorme e infinito mérito das belíssimas palavras[68] de vossa senhoria ilustríssima (não menos admiradas e honradas por estes ilustríssimos senhores do que eu mesmo proclamo aqui, e o digo de verdadeiro e real coração) e não menos solevadas à graça de sua alteza sereníssima na mesma medida da infinita bondade de vossa senhoria ilustríssima, e é por isto, como expus acima, que lhe devo com razão para sempre ser grato a vossa senhoria ilustríssima, à qual faço humilde reverência e imploro a Deus, com caloroso afeto, o ápice de toda felicidade, esperando receber pelo próximo correio um aviso de sua gloriosa mão com o que vossa senhoria ilustríssima se dignou me prometer em sua carta.

Servidor gratíssimo de vossa senhoria ilustríssima
Claudio Monteverdi

---

68 O texto da *Egloga di Apollo* [Égloga de Apolo].

Claudio Monteverdi

VENEZA, 13 DE MARÇO DE 1620
A Alessandro Striggio, Mântua

Meu ilustríssimo senhor e patrão estimadíssimo,

Venho responder ao segundo capítulo da carta de vossa senhoria ilustríssima sobre o qual tomei tempo para responder até o presente correio ordinário.

Digo então a vossa senhoria ilustríssima como primeira coisa que a honra singular que sua alteza sereníssima fez à minha pessoa fazendo-me a singular graça de oferecer-me entrar novamente em seus serviços me foi tão grata à alma e de tamanha bondade que confesso não ter língua que possa exprimir tão enfatizada graça; sendo que os anos de juventude nos quais estive naquele sereníssimo serviço me radicaram fortemente no coração uma memória de obrigação, benevolência e reverência àquela sereníssima casa que, enquanto eu tenha vida, rezarei a Deus por ela e desejarei a maior felicidade que um servidor a ela inclinado e agradecido possa almejar e desejar. E certamente se eu não tivesse outras preocupações além de mim mesmo, tenha vossa senhoria ilustríssima a certeza de que me esforçaria para voar, se eu pudesse, ou pelo menos correr, às ordens de sua alteza sereníssima sem outro pensamento nem outra pretensão, mas tendo esta sereníssima república e meus filhos que me obrigam a considerar outras coisas, portanto me conceda desenvolver um pouco mais esses dois capítulos, convencido da ajuda que saberá me dar igualmente a bondade de vossa senhoria ilustríssima sobre esse assunto, conhecendo o mérito de vossa senhoria ilustríssima quanto à prudência e à caridade fraterna.

Cartas de Claudio Monteverdi

Colocarei então para a consideração de vossa senhoria ilustríssima que esta sereníssima república aos meus antecessores (ou seja Adriano,[69] Cipriano,[70] Zarlino[71] ou outros) dava somente 200 ducados de salário e a mim dá 400, favor que não devo apreciar com pouca consideração, pois, senhor ilustríssimo, esta sereníssima senhoria não inova nada sem pesar as considerações, por isto – volto a dizer – essa particular graça deve ser muito bem resguardada por mim. Depois de terem-me concedido tal graça, nunca se arrependeram, pelo contrário, me honraram e ainda me honram, a tal ponto que na capela não se aceitam cantores sem antes ter o parecer do maestro de capela; nem querem relatórios sobre os cantores que não sejam do maestro de capela; nem aceitam organistas nem vice-maestros se não têm o parecer e o relatório deste maestro de capela; não há cavalheiro que não me honre e estime e quando vou fazer qualquer música, de câmara ou de igreja, juro a vossa senhoria ilustríssima que toda a cidade corre. Sem falar do serviço, que é agradabilíssimo, pois toda a capela é submetida à lista e presença, aliás, com exceção ao maestro de capela, que tem em mãos o encargo de marcar presenças e faltas do cantor, dar licença ou não, e se ele não for à capela ninguém diz nada. O salário do maestro de capela é seguro até a morte, não é interrompido nem por morte de procurador, nem de príncipe, e sempre servindo fielmente e com reverência pode pretender mais, e não o contrário, e o dinheiro de seu salário, caso ele não o busque, levam-lhe em sua casa. E isto é o que primeiro diz respeito ao essencial. Há ainda o ocasional,

---

69 Adrian Willaert (c.1490-1560).
70 Cipriano de Rore (1516-1565).
71 Gioseffo Zarlino (1517-1590).

que é o que acontece de extravagante, comodamente ganho fora da São Marcos, sendo suplicado e implorado pelos senhores superiores das escolas,[72] mais de 200 ducados por ano, os que podem ter um maestro de capela para fazer suas músicas — além do pagamento de 30 ou 40 e até 50 ducados por duas vésperas e uma missa — não deixam escapar a ocasião de tê-lo e ainda o gratificam com belas palavras depois.

Agora vossa senhoria ilustríssima pese com a balança do seu purgadíssimo juízo aquilo que ela me ofereceu em nome de sua alteza seríssima e veja se com verdadeiro e real fundamento eu poderia fazer ou não a troca. Antes de tudo, por favor, vossa senhoria ilustríssima considere o dano que causaria à minha reputação com esses ilustríssimos senhores e até mesmo a sua alteza[73] se eu aceitasse trocar esse dinheiro de que disponho para minha sobrevivência por aquele da Tesouraria de Mântua, que vem a faltar com a morte do príncipe ou com um mínimo seu desgosto; deixando ainda 450 de Mântua,[74] que recebo da Tesouraria de Veneza, para vir a receber 300, como recebia aquele senhor Santi.[75] Que coisas não diriam, e com razão, esses senhores contra mim? É verdade que vossa senhoria ilustríssima acrescenta, da parte de sua alteza seríssima, 150 escudos de terras que seriam para meu livre uso; mas a isto respondo que não é necessário que o seríssimo me dê o que já é meu: não serão 150, mas somente 50 ducados, pois os outros 100 sua alteza já me deve, assim não é o caso de colocar

---

72 As confrarias venezianas que se constituíam em escolas.

73 O doge.

74 A quantia de 450 escudos de Mântua equivalia a cerca de 400 ducados venezianos.

75 Sante Orlandi, o último maestro de capela dos Gonzaga.

na conta aquilo que já uma vez conquistei com suor e infinito cansaço. Assim, no total seriam 350, sendo que aqui recebo 450 ducados mais 200 outros de trabalhos extras. Veja então vossa senhoria ilustríssima que o mundo teria muito a dizer contra mim. Para não citar outros, o que não diria uma Adriana e seu irmão,[76] um Campagnolo,[77] um dom Bassano[78] que são, até agora, muito e muito mais reconhecidos e merecedores? E que vergonha eu não teria deles, vendo-os mais merecedores que eu? E a cidade de Veneza?! Deixo que vossa senhoria ilustríssima pondere.

Foi um melhor partido que me ofereceu sua alteza sereníssima pela boca do senhor Campagnolo do que quando me encontrava em Mântua na ocasião da morte do senhor Santi, hospedado na casa do dito senhor Campagnolo; que foi 300 escudos de renda em terras (dos quais 200 deveriam ser meus até minha morte) e 100 para pagamento de minha posição ou doação, e como eu disse que não queria ter nenhuma relação com a Tesouraria, me ofereceu outros 200 de pensão, que faziam um total de 600 ducados mantovanos. E agora sua alteza sereníssima gostaria que eu me satisfizesse com muito menos? Tendo que ir ao senhor tesoureiro todos os dias a suplicar que me desse o que é meu? Deus me livre! Em minha vida nunca sofri maior aflição na alma que aquela de quando precisava ir pedir meu dinheiro, quase pelo amor de Deus, ao senhor tesoureiro; contentar-me-ia mais em mendigar do que tornar a tal impertinência! (Imploro que vossa senhoria ilustríssima me perdoe

---

76 Adriana Basile (cantora) e seu irmão Giambattista Basile (poeta).
77 Francesco Campagnolo, tenor da corte.
78 Bassano Cassola, cantor e vice-maestro da corte dos Gonzaga.

Claudio Monteverdi

se eu falo livremente, e aceite, por esta vez e pelo meu amor, pois sou seu servidor de verdadeiro coração, me escutar com sua infinita generosidade e não com seus singulares méritos.)

Quando o excelentíssimo senhor procurador Landi,[79] com os outros senhores excelentíssimos, foi aumentar meu salário em 100 ducados, disse as seguintes palavras: "Excelentíssimos senhores colegas, quem quer que o servidor seja honrado deve também tratá-lo de forma honrosa". É por isto que, se o senhor duque acha que eu devo viver honradamente, é justo que me trate desta tal maneira; de maneira contrária, imploro que não me incomode, pois estou vivendo honradamente, e que vossa senhoria ilustríssima se informe.

Calo-me em relação à questão dos meus filhos, pois me dirijo a vossa senhoria ilustríssima, que é também pai de família e sabe muito bem o cuidado que um pai que tem desejo de dar boa educação aos filhos e que deve, segundo leis da natureza, ter ele mesmo honra e honrar a casa de que cuida.

A minha conclusão, ilustríssimo senhor, é esta: no que diz respeito a Claudio, ele se prontifica em tudo e por tudo às vontades e às ordens de sua alteza sereníssima; agora, tomando em consideração as razões expostas, ele não pode honrosamente mudar de serviço se não muda para melhor, para poder se licenciar desses excelentíssimos senhores com verdadeira satisfação (tendo sido por esses senhores honrado e favorecido), para não ser ludibriado por quem, com pouco mérito, muito receberam, e não ser criticado pelo mundo e nem por seus filhos.

---

79 Antonio Landi, um dos quatro procuradores que nomearam Monteverdi em 1613.

Cartas de Claudio Monteverdi

Bem poderia sua alteza sereníssima, comodamente, agora que o senhor ilustríssimo bispo de Mântua passou para vida melhor, satisfazer com pensões e com um pouco mais de terras, sem colocar o Monteverdi frente aos desgostos da Tesouraria e à incerteza desta. Em suma, 400 escudos de Mântua de pensão e 300 de terra seriam pouco para sua alteza sereníssima e para Claudio seriam o verdadeiro e real repouso. Pede ele o impossível? Ele pede menos ainda do que recebia Adriana[80] ou talvez Settimia,[81] e não pede nada além do que ele dispõe atualmente. Ele não vê outra grande diferença a não ser essa estabilidade financeira, pois é dever deixar alguma coisinha para os filhos, e se o que lhes for deixado for dado pela sereníssima Casa Gonzaga, será a honra perpétua dessa mesma ter ajudado um servidor de tantos anos, sem ter sido desprezado pelos príncipes. Se isto parecer muito a sua alteza sereníssima, que ela me faça a honra de ordenar que me deem minhas poucas terras que eu dependerei do capital, pois os 400 ducados que recebo são como uma pensão; e sua alteza sereníssima terá o servidor bom e pago, e quando se dignar a dar-lhe ordens, verá que, para servi-la, se levanta no meio da noite para demonstrar sua obediência.

Perdoe-me vossa senhoria ilustríssima se muito me prolonguei. Não me resta mais do que, com as vísceras do coração, agradecer vossa senhoria ilustríssima do singular favor que me fez apresentando meus madrigais àquela sereníssima senhora,[82] e tenho certeza de que pela honradíssima mediação de vossa

---

80 Adriana Basile.
81 Settimia Caccini, cantora, filha de Giulio Caccini.
82 Caterina de' Medici.

senhoria ilustríssima terão sido muito mais aceitos e apreciados. Deus me complemente, onde não posso, em felicitar a honradíssima pessoa de vossa senhoria ilustríssima; à qual, com todo afeto do coração, me inclino e beijo as mãos.

Servidor gratíssimo de vossa senhoria ilustríssima
Claudio Monteverdi

VENEZA, 17 DE MARÇO DE 1620
A Alessandro Striggio, Mântua

Meu ilustríssimo senhor e patrão estimadíssimo,

Venho com esta minha carta (aproveitando que o senhor dom Vincenzo, mantovano, se prepara para partir para Mântua) avisá-la que recebi a carta de vossa senhoria ilustríssima pelo senhor Bergamaschino,[83] que me comanda em nome de sua alteza sereníssima que eu faça recopiar a *Arianna* o quanto antes e que, sem tardar, envie-a a vossa senhoria ilustríssima. Sem demora a entreguei ao copista, assim espero que daqui a oito ou dez dias vossa senhoria ilustríssima a receba. Eu teria lhe respondido pelo último correio ordinário se o senhor Bergamaschini tivesse me entregado em tempo sua carta.

Soube também que sua alteza sereníssima lhe deu a tarefa de me avisar que eu deveria me transferir por oito ou dez dias a Mântua, assegurando-me que não me reteria mais que os ditos dias com os excelentíssimos senhores e que assim eu estaria de volta para a Semana Santa, para serviço de meu cargo. Farei

---

83 Antonio Calligari, chamado Bergamaschino.

Cartas de Claudio Monteverdi

todo meu esforço para obedecer com fatos às ordens de sua alteza serreníssima, mas na realidade se eu falar de meu desejo de ir a Mântua não faltará alguém que coloque pensamentos sinistros na cabeça daqueles senhores excelentíssimos, tudo como difamações contra mim pelas suspeitas que lhes colocam na cabeça. Além disto, há o senhor ilustríssimo dignitário,[84] para o qual toda quarta-feira, sexta-feira e domingo faço a música em um seu oratório, ao qual comparece metade da nobreza. Se eu falo de licença, rapidamente surgem especulações a meu respeito; por isso, se fosse possível, gostaria de passar a minha ida para depois das três primeiras festas de Páscoa, e no meio-tempo organizaria tudo e assim me encontraria com liberdade para obedecer. Se não for possível, farei o que vossa senhoria ilustríssima me ordenar, esperando que a prudência de vossa senhoria ilustríssima não me ordene nunca algo que não seja o melhor para mim.

Escrevi uma resposta ao segundo capítulo da carta de vossa senhoria ilustríssima pelo último correio, portanto fico no aguardo de quanto me dirá vossa senhoria ilustríssima, pedindo-lhe pelo amor de Deus que me tenha em sua graça, que eu espero não seja menor do que eu prometo, pois sei o quanto vossa senhoria ilustríssima é cheia de infinita generosidade e gentileza.

E aqui fazendo humilde reverência a vossa senhoria ilustríssima, peço a Deus que lhe conceda toda felicidade.

Servidor gratíssimo de vossa senhoria ilustríssima
Claudio Monteverdi

---

84 Marc'Antonio Cornaro.

Claudio Monteverdi

VENEZA, 21 DE MARÇO DE 1620
A Alessandro Striggio, Mântua

Meu ilustríssimo senhor e patrão estimadíssimo,

Para mostrar um sinal de que não deixei de agir tão logo tive a ordem de vossa senhoria ilustríssima em nome de sua alteza sereníssima, já lhe envio quatro caderninhos recopiados. Poderia ter enviado cinco, mas retive o último comigo para melhorá-lo, o qual, com os outros, mandarei a vossa senhoria ilustríssima pelo próximo correio ordinário. Teria também retido comigo os presentes caderninhos, mas me persuadi de que todo tempo avantajado é bom, sendo que com um mês ou pouco mais de ensaio não se pode perder tempo. Poder-se-á então, nesse meio-tempo, aprender esse começo. Mando também o início do *Lamento*, o qual eu já havia copiado em casa em outro papel para que também neste se tenha vantagem de tempo, sendo a parte essencial da ópera.

O senhor Bergamaschino, portador da presente, poderá testemunhar a vossa senhoria ilustríssima sobre o quanto me encontro ocupado atualmente e ao mesmo tempo ele se ocupará de pedir a vossa senhoria sereníssima que eu obtenha tempo até depois da oitava de Páscoa, pois então poderei me transferir a Mântua com satisfação em dirigir a *Arianna* e para outros eventos.

Entendi tudo quanto vossa senhoria ilustríssima se dignou a me escrever por este correio ordinário, ao que respondo suplicando-lhe de tomar tempo para tratar com sua alteza sereníssima, pois a mim nada incomoda. Aliás, gostaria de pedir-lhe que, se fosse possível, começasse tratando de minha doação

Cartas de Claudio Monteverdi

antes de qualquer coisa; se começarmos por ela poderemos obter o desejado fim, pois qualquer outra inovação poderia acarretar incidentes que eu temo.

Sei o quanto vossa senhoria ilustríssima é prudentíssima, sei o quanto, por sua infinita bondade, me honra e me ama e por isto que em tudo e por tudo me submeto a vossa senhoria ilustríssima; à qual, com toda reverência, beijo as mãos e peço a Deus que lhe conceda toda felicidade.

Servidor gratíssimo de vossa senhoria ilustríssima
Claudio Monteverdi

Veneza, 28 de março de 1620
A Alessandro Striggio, Mântua

Meu ilustríssimo senhor e patrão respeitadíssimo,[85]

Envio a vossa senhoria ilustríssima os presentes caderninhos da *Arianna*. Pensava que teria enviado todos juntos, mas a pessoa que a copia ainda me deve os que aqui faltam (não que ele não trabalhe, mas porque o trabalho era mais longo do que ele esperava). Com certeza, porém, pelo próximo correio ordinário, a enviarei terminada; aliás, se tivesse alguém de extraordinário que pudesse levá-la, enviaria antes, pois a música já está transcrita, falta somente uma parte do texto.

Se eu tivesse sido advertido antes, ou melhor dizendo, avisado, a teria enviado há muito tempo melhorada, e sei o que digo.

---

85 Aqui Monteverdi usa uma fórmula menos respeitosa no tratamento a Striggio.

Vossa senhoria ilustríssima me fará a graça de me desculpar com sua alteza sereníssima caso ela não fique satisfeita, em algum modo, comigo. Queira vossa senhoria ilustríssima acreditar que o tempo pode ser o bem e o mal para tais obras; todavia, quero me adequar ao gosto de sua alteza sereníssima, como deve um servidor reverente como o sou.

No que diz respeito ao outro negócio, falaremos quando eu estiver em Mântua. Estou certíssimo e seguríssimo de que a graça de vossa senhoria ilustríssima me favorecerá em tudo, pois ela não falta em nenhuma ocasião, nem mesmo na presente. Por isto vivo e viverei para sempre como seu gratíssimo servidor. E aqui peço a Deus que lhe dê toda a felicidade, enquanto com toda a reverência lhe beijo as mãos.

Servidor gratíssimo de vossa senhoria ilustríssima
Claudio Monteverdi

VENEZA, 4 DE ABRIL DE 1620
A Alessandro Striggio, Mântua

Meu ilustríssimo senhor e patrão estimadíssimo,

Não sei se fiz bem ou mal de ter escrito a carta aqui anexada para a madame sereníssima em agradecimento ao favor tão singular que ela se dignou em me fazer, graças à mediação da proteção especial de vossa senhoria ilustríssima, tendo mandado me dar aquele belo colar pelo correio.

Vossa senhoria ilustríssima me faria um grande favor em dar uma olhada e, se julgar conveniente, suplico que a lacre e lhe mostre. Caso contrário, suplico que se digne em suprir a

Cartas de Claudio Monteverdi

minha insuficiência com sua competência, agradecendo a sua alteza sereníssima de minha parte com o maior afeto que puder.

Suplico também a vossa senhoria ilustríssima que faça um similar ofício com o sereníssimo senhor duque, meu singular senhor, como principal causador da graça assinalada.

Envio a vossa senhoria ilustríssima o remanescente da *Arianna*. Se tivesse tido mais tempo, a teria revisado mais diligentemente e talvez a teria melhorado muito; quando tiver a ocasião, não deixarei de fazer alguma coisa em tal gênero de canto representativo, e mais de bom grado se vossa senhoria ilustríssima me fizer digno de seus belíssimos versos, para que eu possa dar sinais do quanto esta minha alma deseja se manter na graça daquela alteza sereníssima e o quanto deseja ser favorecida pelas virtudes de vossa senhoria ilustríssima.

Não posso ser, mais do que já sou, grato a vossa senhoria ilustríssima pelos singulares favores que, por sua nobre mão, recebo a cada dia, e porque muito excedem as graças aos meus méritos. Por isto, naquilo que eu não posso, imploro a Deus que me supra recompensando vossa senhoria ilustríssima com toda completa felicidade, e com toda a reverência lhe beijo as mãos.

Servidor gratíssimo de vossa senhoria ilustríssima
Claudio Monteverdi

Veneza, 4 de abril de 1620
À duquesa Caterina Medici Gonzaga, Mântua

Sereníssima senhora e patroa estimadíssima,

Era meu dever, sereníssima madame, que eu viesse prontamente neste Carnaval apresentar com toda reverência, aos pés de vossa alteza sereníssima, aqueles meus modestos cantos,[86] mas como tive uma doença naquele meio-tempo, tive que implorar (como bem o fiz) ao senhor ilustríssimo conde Alessandro Striggio, meu particular protetor na graça das vossas altezas sereníssimas, que se dignasse a apresentá-los em meu lugar a vossa alteza sereníssima, suplicando-lhe que se dignasse em aceitá-los como sinal de que vossa alteza sereníssima não desdenha a minha modesta, sim, mas bem devota e reverente servidão, assim como já o fez em minha honra toda a sereníssima Casa Gonzaga.

Mas vossa alteza sereníssima, que não sabe recompensar de outra forma que não seja na alta proporção da sua grande alma a cada mínimo servidor como o sou, por isto vossa alteza sereníssima não se dignou somente em aceitar as minhas desculpas por tal falta e nem em somente aceitar aquele diminuto sinal de minha devota servidão com rosto satisfeito, porém, mais que isto, quis honrar-me doando-me um nobre colar. Por isto que, encontrando-me submerso em graças, não pude deixar de vir com esta carta aos pés de vossa alteza sereníssima a render-lhe as maiores graças que pode um pequeno, agradecido e devoto servidor de vossa alteza sereníssima, à qual peço a Deus, com o mais caloroso afeto do coração, que dê toda felicidade, e humilissimamente me inclino.

Servidor humilíssimo e gratíssimo de vossa senhoria ilustríssima
Claudio Monteverdi

---

86 *Settimo libro dei madrigali*, op. cit.

Cartas de Claudio Monteverdi

VENEZA, 18 DE ABRIL DE 1620
A Alessandro Striggio, Mântua

Meu ilustríssimo senhor e patrão estimadíssimo,

Venho suplicar a vossa senhoria ilustríssima que, por favor, não se esforce em receber o dinheiro daquele boleto, caso isto seja um incômodo, pois sei o quanto é desagradável o processo de receber da Tesouraria. Tenho tanto em consideração o prazer de sua alteza e a tranquilidade de vossa senhoria ilustríssima que eu quase não daria importância (aliás, sem quase) em causar algum tipo de trabalho ou desgosto.

Mas, senhor ilustríssimo, me parece bem estranho que na minha doação apareçam as seguintes palavras: "Ordenamos ao presidente de nosso magistrado que execute esta nossa doação e obrigação sem outro mandato ou comissão, sendo esta a nossa bem deliberada vontade", e que sempre (e, em especial, atualmente) eu tenha precisado e precise sempre mais vir implorar a sua alteza sereníssima que me conceda a graça de ordenar que me deem esse dinheiro que já me foi dado (sempre com uma despesa minha de 25 ducados por viagem) ou é necessário que eu suplique aos seus pares que se desgastem por mim, para que peçam coisa que não deveria ser pedida. Pois na verdade, senhor ilustríssimo, às vezes eu não sei discernir o que mais atormenta minha alma: o desgosto de ter que abandonar esse dinheiro ou, por querer receber esse dinheiro, ver seus pares em tal inquietação e despesas, o que me causa incômodo se eu quiser ir buscá-lo. E quanto a mim, ilustríssimo senhor, no que diz respeito ao futuro, se a coisa continuar caminhando assim, quero renunciar essa doação aos meus filhos. Se eles a tiverem, bem; se não, consideremo-na perdida, pois é melhor que se tranquilize a alma de uma vez do que continuar uma esperança, com despesas, cansaço, incômodos e obrigações, esperança que depois de minha morte se apagará.

Supliquei a sua alteza sereníssima, quando fui a Mântua no ano passado, que se dignasse a passar esse dinheiro para manter os estudos dos meus filhos. Tive uma resposta certamente cheia de bondade e caridade e mesmo assim me encontro pior que antes: assim caminha meu destino em Mântua. E é porque conheço meu destino que suplico novamente a vossa senhoria ilustríssima que passe a alguma outra pessoa o cargo; é sua infinita generosidade e bondade que o comandam pois, de outra forma, eu nunca teria sido tão ousado. Se for possível, bem; se não, deixemos esse dinheiro ao deus-dará.

No que diz respeito à minha prontidão em obedecer aos sinais daquela alteza sereníssima e juntamente àqueles de vossa senhoria ilustríssima, quando me conceder a graça de fazer-me um mínimo sinal para o serviço da *Arianna* ou outro, pelos resultados verá e conhecerá a minha real vontade e o grande desejo que tenho de demonstrar-me mui humilíssimo servidor àquele sereníssimo senhor, não menos do que eu desejo ser afeiçoado e agradecido a vossa senhoria ilustríssima. No futuro, ilustríssimo senhor, não compre as brigas dos meus iguais; elas são tão numerosas pela contínua necessidade que me acompanha que se acomoda uma hoje, mas amanhã outra se apresenta para ser resolvida (assim como um pobre homem que tem as roupas velhas que, assim que fecha um buraco, descobre outro a ser fechado).

Faça as contas e vossa senhoria ilustríssima descobrirá a verdade: primeiro vossa senhoria ilustríssima teve o incômodo dos

Cartas de Claudio Monteverdi

livros, eis que logo apareceu o boleto; depois apareceu o pedido com tanto incômodo do dinheiro e assim eu nunca pararei de incomodá-la. Faça então ao meu modo, a imploro, não compre tais brigas e se contente que eu lhe seja servidor pelos favores passados, pois, assim me conservando para sempre, não deixarei de pedir a Deus que dê graças de felicidade a vossa senhoria ilustríssima. E aqui lhe faço humilíssima reverência.

Servidor gratíssimo de vossa senhoria ilustríssima
Claudio Monteverdi

VENEZA, 10 DE MAIO DE 1620
A Alessandro Striggio, Mântua

Meu ilustríssimo senhor e patrão estimadíssimo,

Tenho recebido infinitos favores da generosa mão de vossa senhoria ilustríssima a todo momento; assim sendo, a cada dia percebo que sou mais agradecido às nobres maneiras de vossa senhoria ilustríssima. Pudesse eu fazer caminhar lado a lado o efeito[87] e o afeto, talvez eu fosse mais digno das ordens de vossa senhoria ilustríssima do que sou, mas o destino não deixa de me atormentar desta bela forma, fazendo-me digno dos favores e não de mérito.

Recebi uma bondosíssima resposta à minha carta da infinita bondade de madame seraníssima, essa singular graça me bastava em si para me fazer seu perpétuo servidor, sem outra marca de reconhecimento. Mas não sou tão pouco conhecedor da verdade

---

87 As atitudes. Optou-se por manter aqui a aliteração do original. (N. E.)

a ponto de não saber que a maior parte de meu crédito na graça de sua alteza sereníssima nasce da singular proteção de vossa senhoria ilustríssima; e por consequência não devo ser menos agradecido a vossa senhoria ilustríssima por reconhecimento dos favores daquilo que devo a sua alteza sereníssima por reconhecimento à sua soberania. Com o apoio da graça de sua alteza sereníssima e aquela de vossa senhoria ilustríssima espero no futuro, mais do que no passado, ser digno de receber aquele pouco de fundo que me é reservado por graça, não por mérito, pela mão do sereníssimo senhor duque de Mântua, senhor tão bondoso quanto justo; e quero esperar uma vez que, antes da morte, eu possa desfrutar daquela graça que a bondade do sereníssimo senhor duque Vincenzo (que esteja na glória) me fez.

Foi uma resolução virtuosa aquela do sereníssimo senhor duque em não fazer encenar a *Arianna* e nem aquela outra composição do senhor Zazerino[88] em tão pouco tempo, porque realmente a pressa é demasiadamente nociva a tais ações, sabendo que o ouvido é um sentido comum a todos e muito sutil, sobretudo nessa reunião, na qual estarão presentes grandes príncipes de sua estirpe, e foi com grande prudência que madame sereníssima decidiu pelo balé, pois basta a presença de um grande tema às necessidades de tais festas; mas nas outras não acontece assim. Também foi dada a ocasião ao senhor Zazzarini para que ele se possa mostrar servidor de mérito de graças de sua alteza sereníssima, pois não somente ele possui todos os requisitos que vossa senhoria ilustríssima me escreve, mas também a doce e virtuosa emulação dará a outros uma maior

---

88 Jacopo Peri, chamado o Zazzerino (1561-1633).

possibilidade de fazer coisas para se pôr em graça, pois sem o conhecimento do caminho não se pode chegar a lugar algum.

Todavia, o afeto que vossa senhoria ilustríssima vem me demonstrando de todos os modos vai me amarrando infinitamente mais no nó da servidão, lhe asseguro. Se eu ainda tenho a ousadia de aceitar tal graça (para mim tão importante, mais pela necessidade dos meus filhos que pela minha) que vossa senhoria ilustríssima, por sua espontânea vontade, me oferece nessa sua gentilíssima carta – que é que meu sogro se apresente a vossa senhoria ilustríssima, que fará que lhe seja entregue o pagamento daquele meu boleto que o próprio tem em mãos –, é por culpa de minha grande necessidade e por sua natureza gentil (pois uma me fez ousado e a outra me impulsionou) e não a minha própria ousadia, pois sabia que a incomodaria por demais.

Virá então o meu sogro até vossa senhoria e peço que perdoe esse incômodo. E com isto, fazendo humilíssima reverência a vossa senhoria ilustríssima, peço a Deus, com o mais vivo dos corações, que vossa senhoria ilustríssima obtenha todas as verdadeiras alegrias.

Servidor gratíssimo de vossa senhoria ilustríssima
Claudio Monteverdi

VENEZA, 11 DE JULHO DE 1620
A Alessandro Striggio, Mântua

Meu ilustríssimo senhor e patrão estimadíssimo,

Agora que os meus trabalhos na São Marcos foram terminados e que não serei requisitado pelo menos até o Dia de

Claudio Monteverdi

Todos-os-Santos, encontrando-me com alguma liberdade, nem tanta, mas impulsionado sobretudo por uma necessidade que acidentalmente me apareceu – meu filho Francesco, com idade de 20 anos, que eu acreditava ver em um ano ou pouco mais doutorado em lei, inesperadamente resolveu em Bolonha se tornar frade da religião dos padres carmelitas descalços reformados, que me endividou em mais de 50 escudos, entre ir até Milão e os hábitos de frade –, eu havia então decidido, pela oportunidade e pela necessidade, ir até Mântua para tentar receber da bondade de sua alteza sereníssima aquele pouco dinheiro que me é devido.

Mas antes de minha partida, oito dias atrás, eu quis advertir ao meu sogro; este, pelo último correio, me escreveu que tinha ido ver vossa senhoria ilustríssima e que ela teria dito que eu não me incomodasse nem que viesse a sofrer pela viagem com tamanho calor pois, sob ordem de sua alteza sereníssima minha música deveria ser paga, e que teria me honrado em fazer que meu boleto também fosse pago. Acreditando que meu sogro teria me dito isto pois sabia que aqui comigo se encontra Massimiliano[89] (pelo qual, eu temo, ele tem pouca afeição por ser um menino que faz tudo como bem quer) e que ele temesse que eu levasse a criança comigo apressado pela necessidade acima narrada, o que o incomodaria, não pude fazer outra coisa senão escrever esta carta a vossa senhoria ilustríssima, suplicando-lhe que me honre em me dizer se, sem que eu vá até Mântua, poderei ser eu agraciado por tal dinheiro neste presente mês pois, se assim for, ficarei aqui. Se não, para não perder a oportunidade de ir, aproveitarei a conjuntura de meu tempo livre e irei até aí

---

89 Massimiliano Giacomo, filho de Monteverdi, nascido em 1604.

Cartas de Claudio Monteverdi

suplicar a sua alteza seréníssima, constringido, na realidade, pela minha grande necessidade, esperando que não me recuse tal graça, devendo eu usar esse dinheiro para ajudar o filho que foi para a vida santa e o outro, aos estudos, ambos seus súditos.

Sei quanto sou importuno e quanto o fui ainda mais com vossa senhoria ilustríssima pelos tantos trabalhos que lhe dei, mas asseguro a vossa senhoria ilustríssima que, depois da vergonha pelo que disse, a ousadia em lhe importunar me abandonará, mesmo tendo certeza de que por sua gentileza jamais negaria sua natureza para com todos, especialmente comigo, pois vossa senhoria ilustríssima me deu tantos sinais de ter certeza de sua honrável graça, na qual peço a Deus sempre ser mantido, e que juntamente felicite e conserve a pessoa de vossa senhoria ilustríssima, à qual por fim faço humilde reverência e beijo as mãos.

Servidor devotíssimo e gratíssimo de vossa senhoria ilustríssima
Claudio Monteverdi

Veneza, 19 de julho de 1620
A Alessandro Striggio, Mântua

Meu ilustríssimo senhor e patrão estimadíssimo,

Se vossa senhoria ilustríssima não for aquela a me honrar com tão desejadas ordens, confesso-me (e assim o farei obrigatoriamente) a vossa senhoria ser ligado por um nó indissolúvel de infinita gratidão em razão de tão importante graça que obtive na graça de sua alteza seréníssima. Como poderia eu um dia me desamarrar desse nó se as ordens de vossa senhoria ilustríssima me trazem favores e honras? Que vossa senhoria ilustríssima perdoe esta minha pobre alma que quer mais do que pode, porém jamais alguém a desviará do meu dever de servi-la com verdadeira afeição.

Se eu soubesse que iria encontrar gosto de sua alteza sereníssima em alguma pequena parte, assim como gosto de vossa alteza sereníssima, acredite que já há 15 dias eu teria ido voando até Mântua; mas minha boa sorte não quis me acompanhar. Ficarei aqui, não porque a situação não seja oportuna (como vossa senhoria bem me sinaliza), mas porque preciso servir a esta sereníssima república amanhã, que será o dia 20 do presente mês, na igreja de São Salvador,[90] dia celebrado nesta sereníssima república em memória de uma graça recebida pelas mãos de Deus, que foi a libertação da cidade de uma cruel peste.

Comentei com meu sogro sobre o favor especial que vossa senhoria ilustríssima obteve para mim com sua alteza sereníssima: não sei se ele saberá reprimir a vontade de ir até vossa senhoria para ser direcionado sobre o que fazer para usufruir da desejada graça. Queira desculpar a grande necessidade e o grande desejo que tem esse pobre homem em me fazer favor, caso ao se apresentar a vossa senhoria ilustríssima ele causar algum aborrecimento, eu serei ainda mais agradecido à cortês natureza de vossa senhoria ilustríssima, à qual, com todo afeto de meu coração, peço a Deus o ápice de toda felicidade, enquanto lhe faço reverência e beijo-lhe as mãos.

Servidor gratíssimo de vossa senhoria ilustríssima
Claudio Monteverdi

---

90 Se trata na realidade da igreja do Redentor.

VENEZA, 24 DE JULHO DE 1620
A Alessandro Striggio, Mântua

Meu ilustríssimo senhor e patrão estimadíssimo,

Deus queira que eu tenha nascido para ser servidor com algum mérito em servi-la e que vossa senhoria tenha nascido para ser meu patrão e sempre me favorecer e honrar. Quando pensava ter já muito recebido de sua cortesíssima mão, tendo recebido a ordem de pagamento daquele pouco dinheiro que eu tanto desejava para poder utilizar na necessidade urgente dos meus filhos (necessidade que, com o passar do tempo, não deixa de me vir à memória), eis que me chega de vossa senhoria ilustríssima um aviso de um novo favor; que aquelas modestas minhas notas que escrevi, com grande alma, sim, mas com forças restritas, para a belíssima *Egloga* de vossa senhoria ilustríssima, foram novamente por sua alteza sereníssima e por vossa senhoria ilustríssima duplamente honradas e louvadas. Que vossa senhoria ilustríssima julgue que obrigação deve ser esta minha com vossa senhoria! Mas se eu não puder manifestar de outra maneira, me esforçarei em pedir a Deus com todo afeto que entre em meu socorro para prestar toda graça e felicidade à honradíssima e gentilíssima pessoa de vossa senhoria ilustríssima, à qual faço humilíssima reverência.

Escrevi ao senhor Iacomo,[91] meu sogro, para que ele queira se apresentar a vossa senhoria ilustríssima, assim como ela me ordenou e caso vossa senhoria ilustríssima fique um pouco

---

91 Giacomo Cattaneo.

aborrecida pelo que solicitou, culpe a gentileza sua que assim ordenou e a minha grande necessidade que me apressa.

Servidor gratíssimo de vossa senhoria ilustríssima
Claudio Monteverdi

MÂNTUA, 22 DE SETEMBRO DE 1620
A Alessandro Striggio, Casale Monferrato

Meu ilustríssimo senhor e patrão estimadíssimo,

O sereníssimo senhor duque, cheio de uma infinita generosidade, depois de se dignar, anteontem, em Goito, a me escutar enquanto eu suplicava que ele me concedesse a graça de dar a ordem para que eu fosse pago pelos boletos de minha doação ainda não pagos e que tenho em mãos, se dignou a me responder com as seguintes palavras: que ele estava pronto para me dar toda satisfação (resposta que realmente faz honra aos meus tão humildes méritos). Para que essa graça se concretize, falta que sua alteza ordene que eu seja pago para que assim eu possa ajudar os estudos de meus filhos.

E para receber esse importante favor, recorro a vossa senhoria ilustríssima como meu único patrão, implorando-lhe que queira se dignar, quando surgir a boa ocasião, em relembrar a sua alteza sereníssima e receber, pessoalmente, a ordem para passá-la em seguida ao senhor Pavolo Anselmi[92] ou outro senhor que desembolse tal dinheiro; assim, além do agradecimento infinito que sempre terei a vossa senhoria ilustríssima, não deixarei

---

92 Presume-se que seja o tesoureiro.

Cartas de Claudio Monteverdi

nunca de implorar a Nosso Senhor, com todo o afeto de meu coração, que felicite e prospere a pessoa de vossa senhoria ilustríssima; a qual, com toda reverência, beijo as mãos.

Servidor gratíssimo de vossa senhoria ilustríssima
Claudio Monteverdi

Veneza, 9 de outubro de 1620
A Alessandro Striggio, Mântua

Meu ilustríssimo senhor e patrão estimadíssimo,

Venho com esta minha frente a vossa senhoria ilustríssima fazer uma tarefa que me foi impossibilitada pela falta de tempo (soube, aliás, que assim que chegou a Mântua, voltando de Goito, vossa senhoria ilustríssima foi para sua casa de campo) e meu dever era de ir agradecer-lhe tal favor recebido de sua infinita gentileza e inteirá-la de que recebi do senhor Anselmi os meus atrasados prontamente, e ao mesmo tempo suplicar-lhe que me honre com suas ordens para me fazer digno servidor de sua graça.

Não podendo então fazê-lo pessoalmente pela razão acima dita, suplico a vossa senhoria ilustríssima que aceite minha alma sobre este papel, a qual com vivo coração lhe rende infinitas graças e lhe suplica calorosamente que a mantenha em sua boa graça, enquanto com todo o afeto reza para que vossa senhoria ilustríssima tenha toda felicidade e alegria, e com toda reverência beijo-lhe as mãos.

Servidor gratíssimo de vossa senhoria ilustríssima
Claudio Monteverdi

Claudio Monteverdi

VENEZA, 21 DE OUTUBRO DE 1620
A Alessandro Striggio, Mântua

Meu ilustríssimo senhor e patrão estimadíssimo,

Os senhores milaneses desejam sobremodo ter dom Francesco Dognazzi[93] para maiormente honrar a festa deles de São Carlo,[94] que será no dia 4 do próximo mês. Porém, mais do que eles, sou eu que o desejo, pois eles me pediram que me encarregasse dessa tarefa e, desejando estes senhores me honrar, com o pedido desses senhores faço o meu com caloroso afeto, suplicando a vossa senhoria ilustríssima, caso apareça a oportunidade, de pedir a sua alteza serteníssima que o deixe vir; queira ainda sobre esse assunto me favorecer (se puder eu ainda ser mais agradecido aos infinitos favores recebidos de vossa senhoria ilustríssima) e facilitar a estrada para que este dom Francesco possa vir a Veneza por oito dias e não mais que isso, o qual se hospedará em minha casa.

Caro senhor ilustríssimo, perdoe-me tanto incômodo, mas se não fosse este um negócio que tanto me aflige, eu certamente não ousaria tanto. Se eu fizesse as contas de todos os incômodos que dei a vossa senhoria ilustríssima e se bem os considerasse, enrubesceria de vergonha; mas a necessidade não me permite presentemente ver tanto, somente que tenho a certeza de ser servidor perpetuamente agradecido de vossa senhoria

---

93 Diretor de música da corte de Mântua desde 1619.
94 São Carlo Borromeo, canonizado em 1610.

Cartas de Claudio Monteverdi

ilustríssima, o qual, com toda reverência, beija as mãos a vossa senhoria ilustríssima e pede a Deus que lhe dê toda felicidade.

Servidor gratíssimo de vossa senhoria ilustríssima
Claudio Monteverdi

VENEZA, 31 DE OUTUBRO DE 1620
A Alessandro Striggio, Mântua

Meu ilustríssimo senhor e patrão estimadíssimo,

Escrevi ao senhor dom Francesco Dognazzi na mesma ocasião em que supliquei a vossa senhoria ilustríssima para que me ajudasse na graça de sua alteza sereníssima para que ela se dignasse consentir uma licença de oito dias ao mesmo dom Francesco que pudesse vir até Veneza para me honrar em uma festa. Tive como resposta de dom Francesco que era impossível ter a licença, pois tinha a obrigação de dirigir as músicas de sua alteza sereníssima e, aproximando-se os dias de Todos-os--Santos e o de Finados, para os quais deve fazer música, era, digo, impossível que pudesse deixar tal serviço.

Eu, logo depois de ter escrito as cartas, ilustríssimo senhor, realmente pensei que ele teria essas duas tarefas de serviço e logo me vi arrependido, mas já havia entregado as cartas ao correio.

Venho porém render as maiores graças que sei e posso ao cortesíssimo afeto de vossa senhoria ilustríssima, com o qual mostrou querer, com toda prontidão, me honrar de graças. E como Deus bendito me concede a graça de tanta obrigação com vossa senhoria ilustríssima, assim lhe imploro que me faça digno de poder merecer as ordens de vossa senhoria ilustríssima, as

quais receberei quando ela me julgar, pelos feitos, digno de servi-
-la. Assegurando-lhe que meu ânimo nunca se deixará vencer
frente a qualquer pessoa que faça profissão de amá-la, honrá-la
e servi-la; com este ânimo peço a Deus que felicite longamente
a pessoa de vossa senhoria ilustríssima, à qual beijo as mãos.

Servidor gratíssimo de vossa senhoria ilustríssima
Claudio Monteverdi

VENEZA, 26 DE FEVEREIRO DE 1621
A Alessandro Striggio, Mântua

Meu ilustríssimo senhor e patrão estimadíssimo,

Compreendi o que vossa senhoria ilustríssima ordenou sobre
o negócio e assim o farei. Vossa senhoria ilustríssima sabe bem
que eu escrevi em tempo de Carnaval para que ela pudesse,
segundo seu desejo, fazer um baile de máscaras; pois eu não
tencionava outra coisa que não nascesse da vontade e da suma
prudência de vossa senhoria ilustríssima.

Suplico-lhe do fundo de meu coração que se digne me manter naquela graça que por sua gentileza se dignou a me conceder
e acreditar que viva como devotíssimo e gratíssimo servidor
de todo o coração de vossa senhoria ilustríssima, enquanto com
todo verdadeiro afeto peço a Deus que conceda a vossa senhoria
ilustríssima o ápice de toda felicidade e lhe beijo as mãos com
toda reverência.

Servidor gratíssimo de vossa senhoria ilustríssima
Claudio Monteverdi

Veneza, 5 de março de 1621
À duquesa Caterina Medici Gonzaga, Mântua

Sereníssima senhora e patroa estimadíssima,

Recebi a ordem de vossa alteza sereníssima com tamanha consolação que confesso não ter palavras que possam exprimir a alegria que tenho dentro de mim por tão singular graça recebida. Venho com toda humildade apresentar a vossa senhoria ilustríssima os maiores agradecimentos possíveis, pedindo a Deus que me faça também digno desta tarefa para agradar vossa alteza sereníssima, como me fez digno dessa ordem.

Irei mandando as composições ao senhor Marigliani, digníssimo secretário de vossa alteza sereníssima; e dele serei instruído sobre o que ordena vossa alteza sereníssima, à qual com maior humildade faço humilíssima reverência e para a qual, com o mais profundo de meu coração, peço a que Deus dê toda verdadeira felicidade.

Humilíssimo e gratíssimo servidor de vossa alteza ilustríssima
Claudio Monteverdi

Veneza, 17 de abril de 1621
A Ercole Marliani, Mântua

Meu muito ilustre senhor e patrão respeitadíssimo,

Tive de vossa senhoria muito ilustre o aviso de que bastava que eu me ocupasse de alguns cantos representativos,[95] pois os

---

95 Para *Le tre costanti* [As três constantes], peça de Marliani.

outros que deverão seguir certa ordem e ter o tempo necessário para as máquinas de cena vossa senhoria se contentaria em confiar essas obras aos senhores que atualmente são compositores aí. Além disso, vossa senhoria acrescenta que havia sabido que até setembro próximo eu poderia ter tempo.

É por isto que não lhe mandei nada pelo último correio e tampouco terei pressa em enviar algo pelo presente, reservando-me a diligente fadiga para os próximos vinte ou mais dias, pois minha urgência é a Missa do Morto[96] para o sereníssimo grande duque[97] que logo se fará em Veneza para a nação dos senhores florentinos, os quais preparam coisas muito dignas e muito heroicas.

Caro senhor, veja como vossa senhoria pode conseguir com sua alteza sereníssima essa comodidade e eu prometo a vossa senhoria fazer mais do que imagina, pois uma alma livre e desejosa sabe fazer muito em pouco tempo e, acredite, vossa senhoria não ficará insatisfeito, a mim basta saber os prazos e irei compondo de acordo com o tempo.

Desculpe-me, pelo amor de Deus, e não deixe de manter meu bom crédito na graça de sua alteza sereníssima, que vossa senhoria verá nas ações que eu não terei perdido tempo, nem desonrado sua ajuda. Sei que vossa senhoria me quer bem e que se contentará com meu crédito e com minha promessa que, no momento certo, será paga.

Continuo servidor de meu senhor Marigliani e peço a Deus que lhe dê toda verdadeira felicidade, enquanto lhe beijo as mãos.

Servidor gratíssimo de vossa senhoria muito ilustre
Claudio Monteverdi

---

96 Missa do Réquiem, celebrada dia 25 de maio na igreja dos santos João e Paulo.
97 Ferdinando Gonzaga.

VENEZA, 7 DE AGOSTO DE 1621
À duquesa Caterina Medici Gonzaga, Mântua

Sereníssima senhora e patroa estimadíssima,

Tenho, madame sereníssima, um filho de 16 anos e meio,[98] súdito e humilíssimo servo de vossa alteza sereníssima, que agora saiu do seminário de Bolonha por ter naquele encerrado o curso de humanidades e retórica. Gostaria que ele caminhasse pelas outras ciências para se tornar doutor em medicina.

Ele esteve sempre sob a tutela e obediência dos preceptores que o mantiveram no temor a Deus e na boa continuação dos estudos. Pensando eu na sua vivacidade e na liberdade licenciosa dos estudantes (pela qual muitos caem em más companhias que depois os desviam do caminho correto, com muita dor dos pais e grandíssima perda), para remediar esse grande dano que poderia surgir, pensei que um lugar no colégio que o senhor ilustríssimo cardeal Mont'Alto[99] tem em Bolonha traria minha completa tranquilidade e a saúde de meu filho.

Mas, sem uma principal[100] mão para me ajudar em tão grande necessidade, não seria possível obter tão alta graça. Por isto, sabendo o quanto vossa alteza sereníssima é por natureza uma princesa cheia de infinita generosidade para com todos, em particular para com seus reverentes súditos (como o é este pobre filho) e servidores até os mais humildes (como o sou eu), tenho

---

98 Massimiliano.

99 O cardeal Alessandro Peretti Damascene.

100 Jogo de palavras com "príncipe", uma mão influente, ou uma "mão principesca".

por isso a ousadia de suplicar a vossa alteza sereníssima com o mais vivo coração, como o faço, e com a mais humilde reverência que eu posso, que se digne a escrever uma recomendação de um lugar para meu filho no dito colégio de Bolonha para o dito senhor ilustríssimo cardeal Mont'Alto, para poder receber tão alta graça. Se atualmente todas as vagas estiverem ocupadas, a primeira vaga que se libere também seria bem-vinda.

Suplico a vossa alteza sereníssima que me perdoe por essa exagerada ousadia, enquanto com a mais profunda reverência me inclino e lhe imploro com toda a força de minha alma que receba toda felicidade.

Servidor humilíssimo e gratíssimo de vossa alteza sereníssima
Claudio Monteverdi

VENEZA, 10 DE SETEMBRO DE 1621
A Ercole Marliani, Mântua

Meu senhor muito ilustre e patrão respeitadíssimo,

Envio a vossa senhoria, pelo presente correio ordinário, parte do terceiro intermédio[101] em música; o resto espero enviar, se Deus quiser, pelo próximo correio. Os afazeres que me ocuparam na semana passada e em parte da presente frearam minha capacidade, mas não minha prontíssima vontade em lhe servir, por isso imploro-lhe que me faça digno de desculpas.

Recebi um aviso de Bolonha dizendo que o senhor ilustríssimo cardeal Mont'Alto recebeu com particular gosto o pedido

---

101 Intitulado *Borea e Orizia* para *Le tre costanti*, peça de Ercole Marliani.

de madame sereníssima e me escreveram que tem-se por certo que receberei essa graça, e que acreditam que a resposta virá pelo presente correio ou, sem falta, pelo próximo. Imploro que vossa senhoria me faça o favor de me comunicar a resposta favorável desse senhor ilustríssimo para que eu me reconforte.

Logo dei ao garoto a notícia que recebi, e ele sentiu grande alegria, mesmo estando em um estado do qual pouco pode se alegrar, pois há oito dias caiu na cama com febre altíssima e há seis dias começaram a lhe aparecer as bolhas da varíola e agora se encontra no ápice da doença. Todavia se espera, se Deus quiser, uma rápida melhora, pois as pústulas vieram à superfície muito bem, de forma que por dentro ele parece estar melhor, e também espero que isto lhe tenha servido como excelente purgante.

Outra coisa não me resta a não ser beijar as mãos de vossa senhoria com o maior afeto de meu coração e pedir a Deus que lhe dê toda felicidade.

Servidor gratíssimo de vossa senhoria muito ilustre
Claudio Monteverdi

VENEZA, 27 DE NOVEMBRO DE 1621
À duquesa Caterina Medici Gonzaga, Mântua

Sereníssima senhora e patroa estimadíssima,

Pelo último correio enviei ao senhor Marigliani o epílogo em música dos intermédios que vossa alteza sereníssima se dignou em me encomendar e pedi que me fosse dada nova ocasião de me pôr a trabalhar. Sua senhoria me respondeu que

Claudio Monteverdi

não queria nada por ora. Venho então por meio desta aos pés de vossa alteza serreníssima agradecer-lhe com o mais interno de meu coração pela honra recebida das ordens de vossa alteza serreníssima, oferecendo-me como humílissimo servidor, caso ocorra arranjar os ditos intermédios variando a instrumentação, as sinfonias e as propriedades das vozes.

Não deixaria de igualmente oferecer à infinita generosidade de vossa alteza serreníssima uma missa solene em música, caso seja de seu agrado recebê-la; e se vossa alteza serreníssima não ordenar outra coisa, suplico-lhe, com a mais humilde reverência que posso, que se digne a me ter no número dos mais humildes, sim, mas muito devotos e respeitosos servidores de vossa alteza serreníssima, à qual, com a mais profunda reverência que sei e posso, humildemente me inclino e peço a Deus, com o mais vivo coração, que lhe conceda completa felicidade.

Servidor humílissimo e gratíssimo de vossa alteza serreníssima
Claudio Monteverdi

VENEZA, 26 DE FEVEREIRO DE 1622
À duquesa Caterina Medici Gonzaga, Mântua

Serreníssima senhora e patroa estimadíssima,

Enfim recebi, serreníssima madame (por meio da suprema bondade de vossa alteza serreníssima), aquele bem divino que ardentemente minha alma aguardou e desejou, o certificado que permitirá que Massimiliano, meu filho e súdito humílissimo de vossa alteza serreníssima, entre no colégio do ilustríssimo senhor cardeal Mont'Alto em Bolonha.

Cartas de Claudio Monteverdi

Se eu quisesse, madame sereníssima, apoiar-me às palavras para demonstrar os devidos agradecimentos que tão alto favor merece, confesso que não encontraria em mim base apta a tanto peso. Nem mesmo se eu quisesse exibir aos pés de vossa alteza sereníssima os meus méritos, sabendo-os tão frágeis, em vão ofereceria a vossa alteza sereníssima coisa nenhuma; somente farei preces para que Deus bendito, com verdadeiro e real coração, digne-se sempre manter em sua graça a sereníssima Casa Gonzaga, particularmente a minha patroa e senhora, protegida e felicitada de tanta graça, sua alteza sereníssima; frente à qual, com toda profunda reverência, me inclino até o chão.

Servidor humilíssimo e gratíssimo de vossa alteza sereníssima
Claudio Monteverdi

VENEZA, 15 DE ABRIL DE 1622
À duquesa Caterina Medici Gonzaga, Mântua

Sereníssima senhora e patroa estimadíssima,

O padre reverendo frade Cesare, meu cunhado,[102] vindo de Alexandria do Egito, deu-me um macaquinho que suscitou elogios por parte de muitos cavalheiros por ter um pelo incomum; por isto ousei vir aos pés de vossa alteza sereníssima com meus mais reverentes sentimentos, suplicar-lhe que me conceda a graça de aceitá-lo.

Sei que ele deveria ser muito mais bonito para satisfazer maiormente o nobilíssimo gosto de vossa alteza sereníssima,

---

102 Cesare Cattaneo, irmão de Claudia.

Claudio Monteverdi

mas, acreditando em sua infinita generosidade, esperarei que me honrará em aceitar por sua vez o meu reverente entusiasmo, o qual com o mais ardente afeto implora a Deus que sempre felicite vossa alteza sereníssima, e com toda maior reverência a ela se inclina.

Servidor humilíssimo e gratíssimo de vossa alteza sereníssima
Claudio Monteverdi

VENEZA, 21 DE OUTUBRO DE 1622
A Alessandro Striggio, Mântua

Meu ilustríssimo senhor e patrão estimadíssimo,

O ilustríssimo senhor Giustiniano,[103] cavalheiro de muita autoridade nesta sereníssima república e meu bom senhor, veio expressamente há três dias me encontrar em casa em companhia de muitos outros senhores ilustríssimos, para me contar que há alguns dias pediu que escrevessem a Lelio Andreini,[104] cô-mico, para que se dispusesse com a senhora Florinda[105] e toda sua companhia a vir a Veneza representar peças em seu novo lugar público,[106] com a condição de que o duque sereníssimo não

---

103 Lorenzo Giustiniani.
104 Giovanni Battista Andreini (1579-1654), ator, autor de peças e chefe da trupe teatral dos Fedeli, que naquele período se encontrava estável na corte de Mântua.
105 Virginia Ramponi, dita Florinda, mulher de Giovanni Battista Andreini.
106 Um teatro de propriedade da família Giustiniani, provavelmente o San Moisè.

Cartas de Claudio Monteverdi

quisesse se servir deles pois, se este fosse o caso, renunciaria às tratativas.

Teve como resposta que este estava disponibilíssimo, sobretudo porque o senhor duque já havia dado a entender que não se serviria deles; faltava somente que o Arlequim[107] dissesse que sim, sem o qual Andreini não aceitaria vir (para não perder a reputação, tendo que representar em um local onde recitava também Fritellino,[108] mesmo que em outra sala). Assim, este senhor ilustríssimo mandou que escrevessem ao Arlequim e obteve esta resposta: se sua alteza sereníssima não se servisse dele e se a ele concedesse boa licença, ele viria, também com uma condição – que viesse também um tal Dottore Graziano,[109] que agora se encontra em Savoia.

E enquanto esse senhor vai tentando organizar tudo com as negociações, eis que o senhor Lelio lhe escreve uma carta dizendo que ele pessoalmente estava muito disposto em servi-lo e que se oferecia como seu humilíssimo servidor, mas que o informava que a senhora Florinda não queria representar, e que ele havia pensado em se fazer histrião sozinho em outras companhias por dois anos, e não mais chefe de companhia, vendo acontecer tantos incidentes e distúrbios ao querer dirigir sua própria companhia.

Após a tal carta, tendo esse senhor concluído que o negócio estava quase falido, e sabendo o quanto sou servidor humilíssimo daquela sereníssima alteza e de vossa senhoria ilustríssima,

---

107 O ator Tristano Martinelli, que interpretava a máscara de Arlequim.

108 O ator Pier Maria Cecchini, dito "Fritellino", chefe da trupe concorrente, os Comici Accesi.

109 Mais uma máscara da *commedia dell'arte*, mas neste caso não é possível saber o nome do ator.

Claudio Monteverdi

calorosamente me pediu, com todos os outros senhores que estavam em sua companhia, que eu quisesse com uma minha carta implorar num instante a vossa senhoria ilustríssima que disponibilizasse esse senhor Lelio para que pudesse servir esse senhor (caso sua alteza sereníssima não quisesse dele se servir). E se o senhor Lelio desse como desculpa a falta de atores para alguns papéis em sua companhia, esse senhor lhe oferece o Graziano, o Zanni e o Dottore,[110] e ainda todos os outros papéis que possam faltar.

Venho portanto suplicar a vossa senhoria ilustríssima, aliás, melhor dizendo, venho implorar à infinita gentileza de vossa senhoria ilustríssima que me honre em pedir a vossa senhoria ilustríssima que queira se dignar a passar este ofício de pedido ao dito senhor Lelio para que ele se disponha a vir prestar serviço a esse senhor ilustríssimo, que o encontrará cheio de cortesias para com a pessoa desse senhor Lelio, lhe fará doações, pagará sua viagem e outras coisas. E que traga consigo a senhora Florinda e quem mais ele queira; caso ele não queira, fazê-lo considerar que, pelas esperanças que as cartas anteriores do senhor Lelio lhe deram, o senhor Giustiniano não se porá a procurar outra companhia e que, por culpa dele, seu teatro ficará sem representações de peças, desgosto que ele pode imaginar.

Sei que a autoridade de vossa senhoria ilustríssima acomodará tudo bem e eu permaneço para sempre gratíssimo de tão desejado favor, o qual fará noto a esses senhores ilustríssimos

---

110 Máscaras da *commedia dell'arte*. Zanni é a categoria na qual se encontra a máscara do Arlequim. Dottore Graziano é na realidade uma só máscara, mas Monteverdi a desdobra em duas.

Cartas de Claudio Monteverdi

o quanto vossa senhoria ilustríssima tem como cara na sua graça a minha servidão. Não olhe, eu imploro, o meu humilde mérito, mas considere sua própria gentileza, ao se dignar pedir a esse senhor Lelio e convencendo-o com a doçura de seu favor.

E aqui, fazendo-lhe humilde reverência, peço a Deus com todo o afeto que lhe conceda toda a felicidade mais desejada.

Servidor devotíssimo e gratíssimo de vossa senhoria ilustríssima
Claudio Monteverdi

VENEZA, 19 DE NOVEMBRO DE 1622
A Alessandro Striggio, Mântua

Meu ilustríssimo senhor e patrão estimadíssimo,

Recebi a cortesíssima e gentilíssima carta de vossa senhoria ilustríssima, cheia de singular afeição à minha humilde pessoa (rica, porém de um interno afeto de reverência e amor e que não deseja nada além de ser digno das ordens de vossa senhoria ilustríssima para poder argumentar de não ser-lhe um inútil servidor).

Mostrei a tal carta de vossa senhoria ilustríssima ao dito ilustríssimo senhor Giustiniani e, tendo visto que vossa senhoria não desdenhou meus pedidos de me favorecer, ele pôde ver como estou na graça de vossa senhoria ilustríssima. E pelo especial favor que vossa senhoria ilustríssima se dignou me fazer, venho render-lhe as maiores graças que sei e posso, e vossa senhoria ilustríssima esteja certa que lhe seria ainda mais agradecido se eu conhecesse outra coisa que não esta, ser-lhe grato.

Claudio Monteverdi

O dito ilustríssimo senhor Giustiniani pediu-me que lhe faça, em seu nome, mil agradecimentos. Deus Nosso Senhor dê a vossa senhoria ilustríssima o ápice de toda maior felicidade e a mim o mérito de lhe ser servidor, com as ações e com o entusiasmo, com o qual com toda reverência lhe beijo humildemente as mãos.

Servidor devotíssimo e gratíssimo de vossa senhoria ilustríssima
Claudio Monteverdi

VENEZA, 3 DE DEZEMBRO DE 1622
A Alessandro Striggio, Mântua

Meu ilustríssimo senhor e patrão estimadíssimo,

O ilustríssimo senhor Giustiniani, meu senhor, veio especialmente me encontrar em meu quarto esta manhã, dia 3 do mês, para me contar um ciumezinho por causa de uma suspeita que Fritellino tenha usado de algum artifício para ficar sozinho em Veneza (mesmo a contragosto) e atrapalhar a vinda, muito esperada por toda a cidade, dos comediantes de Mântua, vinda que tem demorado a acontecer. Especialmente porque ele ouviu dizer que o Dottore Graziano,[111] ao qual sua alteza sereníssima fez uma doação de 100 escudos de renda vitalícia e algum outro benefício seguro em sinal de reconhecimento; esse senhor não queria, frente a tamanha conjuntura de gosto, que a arte de Fritellino pudesse fazer sucesso. Por outro lado, tendo esse senhor já visto a carta que vossa senhoria ilustríssima se

---

111 O nome do ator que interpreta esta máscara não aparece na carta.

Cartas de Claudio Monteverdi

dignou a me enviar como resposta, na qual assegurava a vinda dos tais comediantes com boa satisfação do sereníssimo,[112] mas não tendo visto no correio até o presente momento carta de nenhum dos ditos comediantes (o que o faz acreditar que venham), esse senhor foi levado a crer ter recebido tão desejado favor.

Esse ilustríssimo senhor certamente merece que sua alteza sereníssima lhe conceda essa satisfação pois, acredite-me vossa senhoria ilustríssima, não deixou de agir com esforço e afeto para que sua alteza sereníssima ficasse satisfeita em ter os comediantes enviados para preencher as lacunas da companhia. Não somente se empenhou em fazer vir os papéis principais, mas ainda mais em resolver sobre a Franceschina.[113] Mas no que diz respeito ao Dottore, que não queria aceitar vir por doces e insistentes preces, se resolveu pelo contrário: mudar as preces em ameaça, e por isso o dito Dottore precisou subir com ele na gôndola, e o levou a Lizza Fusina[114] com a intenção de levá-lo à força; mas, tendo o Dottore jurado a esse ilustríssimo senhor que teria vindo, ele se contentou em somente acompanhá-lo. Por esse ilustríssimo senhor ter-se empenhado com tanto ardor, por ter recebido a promessa que vossa senhoria ilustríssima lhe fez em sua carta em resposta à minha e por não ter recebido até então cartas indicando o contrário, esse ilustríssimo senhor vive com boníssima esperança.

Todavia, esse ilustríssimo senhor, porque deseja demais esse favor, me pediu novamente que voltasse a implorar a vossa se-

---

112 O duque Ferdinando Gonzaga.
113 Máscara de serva da *commedia dell'arte*.
114 Localidade em terra firme, de onde se embarcava para Pádua.

nhoria ilustríssima para que, caso seja necessário, que queira o ajudar, e mesmo que eles venham sem que vossa senhoria ilustríssima se incomode (como ele acredita que aconteça), ele pede porém que o tranquilize com uma nova notícia da vinda segura, e se eles viessem em dez ou quinze dias (como espera) ainda estaria em tempo. Esse senhor ilustríssimo acrescentou também que, se pudesse, escreveria a vossa senhoria ilustríssima (pois sabe bem que esses senhores não podem escrever aos ministros do príncipe sem a licença) e já teria demonstrado o agradecimento que tem a vossa senhoria ilustríssima.

E aqui, novamente solicitando a gentileza de vossa senhoria ilustríssima ao favor tão desejado, sendo o ilustríssimo senhor Giustiniani muito meu senhor, permaneço e permanecerei para sempre servidor gratíssimo a vossa senhoria. E aqui, fazendo reverência a vossa senhoria ilustríssima, peço a Deus Nosso Senhor o ápice de toda maior felicidade.

Servidor devotíssimo e gratíssimo de vossa senhoria ilustríssima
Claudio Monteverdi

Veneza, 10 de dezembro de 1622
A Alessandro Striggio, Mântua

Ilustríssimo senhor e patrão estimadíssimo,

Atualmente as cartas chegam com tamanho atraso que quase não se tem tempo para respondê-las: por essa razão ainda não pude mostrar a cortesíssima carta de vossa senhoria ilustríssima ao ilustríssimo senhor Giustiniani. Sei que quando a vir, ele ficará gratíssimo a vossa senhoria ilustríssima e ao mesmo

Cartas de Claudio Monteverdi

tempo consoladíssimo, pois ele desejava receber esse particular favor mais do que tudo.

Quanto a mim, terei sempre gratidão infinita a vossa senhoria ilustríssima. Que Nosso Senhor lhe conceda boas-festas e o melhor ano-novo, e me conceda ser digno de suas desejadas ordens. E aqui, fazendo humilde reverência a vossa senhoria ilustríssima, peço a Deus que lhe dê toda felicidade.

Servidor gratíssimo de vossa senhoria ilustríssima
Claudio Monteverdi

Veneza, 31 de dezembro de 1622
A Alessandro Striggio, Mântua

Meu ilustríssimo senhor e patrão estimadíssimo,

Recebi pelo presente correio duas cartas de vossa senhoria ilustríssima na presença do mensageiro do ilustríssimo senhor Giustiniani (que esperava saber o que vossa senhoria se dignava a escrever). Tendo-as lido, entreguei-as ao tal mensageiro para que as levasse para mostrar ao dito ilustríssimo senhor; o mensageiro voltou ao meu quarto com as tais cartas e impôs que eu escrevesse a vossa senhoria ilustríssima em nome do ilustríssimo senhor Giustiniani que ele se considera agradecido a vossa senhoria como se já tivesse recebido o favor na prática e suplica que vossa senhoria lhe ordene algo, caso o reconheça bom em alguma coisa que lhe sirva, tanto pela vida quanto por objetos.

Eis o que ele espera da gentileza de vossa senhoria ilustríssima: tendo ele sabido que em Mântua se encontra uma companhia de comediantes espanhóis e, querendo aproveitar tão boa oportunidade, com a maneira correta que saberá usar vossa senhoria ilustríssima, se pudesse obter o acordo (pois talvez agradem mais a sua alteza sereníssima os ditos espanhóis que os italianos), um tal favor seria muito bem-vindo, desejando especialmente que tudo seja feito com o agrado de vossa senhoria ilustríssima.

Permaneço igualmente, ou ainda mais, agradecido a vossa senhoria ilustríssima, pois se dignou a mostrar por escrito que não desdenha amar a minha pessoa, mesmo estando entre as mais humildes deste mundo, e por isso serei sempre obrigado a rezar para que Deus felicite e conserve a pessoa de vossa senhoria ilustríssima e que me faça digno de merecimento das ordens de vossa senhoria ilustríssima, para que eu possa com atos demonstrar-me seu servidor.

Ilustríssimo senhor, há um mês e meio passou para a melhor vida um organista[115] da São Marcos e depois de tal morte me escreveu o senhor Ottavio Bargnani,[116] lamentando-se que eu não lhe havia avisado de tal vagância para que ele pudesse pedir o posto. Eu lhe respondi: "Caro senhor Bargnano, amo vossa senhoria com todo o meu afeto, mas por ser vossa senhoria servidor daquele príncipe tanto meu senhor e patrão, nunca teria pensado (nem mesmo tentado) em escrever-lhe tal coisa, que seria como desejar que vossa senhoria abandonasse aquela servidão à qual tanto reverencio e honro. Faça-me então a graça de tratar comigo de qualquer outro assunto, exceto este".

---

115 Giovanni Battista Grillo.
116 Organista de Brescia que servia na igreja de Santa Bárbara em Mântua.

Cartas de Claudio Monteverdi

O negócio assim se calou. Mas quando eu pensava que nada fosse, eis que antes de ontem fui chamado ao palácio dos procuradores pelos procuradores reunidos; assim que cheguei fizeram-me ler uma carta do senhor Bargnani, chegada de não sei onde, dispondo-se para tal posto – que ainda está vago. Terminada a leitura, perguntaram-me se o tal sujeito é bom; respondi que sim e me mandaram que escrevesse uma carta da parte de suas excelências dizendo que gostariam de ouvi-lo, que se realmente for como diz, não desmerecerão suas virtudes; há, porém, outros cinco que pedem tal vaga e por isso será necessário fazer um concurso.

Eu, pensando comigo, achei que tal carta (sem antes dar parte a vossa senhoria ilustríssima para que pudesse dar parte também a sua alteza sereníssima) poderia muito me prejudicar frente à graça de sua alteza sereníssima, a qual estimo e estimarei, enquanto viver, por infinitos respeitos. Por tal motivo narrei esse fato a vossa senhoria ilustríssima, suplicando-lhe que me informe pelo próximo correio o que poderei fazer com a boa graça de sua alteza sereníssima, sendo que ele acena em sua carta que com a boa graça de sua alteza poderia vir servir na São Marcos.

Quis colocar esse negócio nas mãos de vossa senhoria ilustríssima pois sei que conseguirá conduzi-lo de forma secreta e sem nenhum desgosto para mim. E aqui, fazendo humilde reverência a vossa senhoria ilustríssima, peço a Deus Nosso Senhor que lhe dê um feliz ano-novo.

Servidor gratíssimo de vossa senhoria ilustríssima
Claudio Monteverdi

Claudio Monteverdi

VENEZA, 22 DE JANEIRO DE 1623
A Alessandro Striggio, Mântua

Meu ilustríssimo senhor e patrão respeitabilíssimo,[117]

A carta de vossa senhoria ilustríssima cheia de infinita bondade, tendo-me encontrado um pouco indisposto (pois eu tinha ido para a cama repousar), por razão de tal incidente fui obrigado a demorar até o presente correio em agradecer-lhe com todo o afeto de meu coração como sei e posso.

Obedeci às ordens de sua alteza sereníssima e portanto não escrevi para o senhor Ottavio;[118] e pelo incômodo que vossa senhoria ilustríssima teve em dar parte à sua alteza sereníssima sobre o que lhe pedi, como dito acima, rendo infinitas graças a vossa senhoria ilustríssima com especial gratidão.

Suplico-lhe que me mantenha em sua boa graça, pedindo a Deus que me dê méritos dignos de suas ordens, e aqui fazendo humilde reverência a vossa senhoria ilustríssima, peço a Deus que lhe dê toda felicidade.

Servidor gratíssimo de vossa senhoria ilustríssima
Claudio Monteverdi

---

117 Lapso de Monteverdi na forma de tratamento, que em geral para Alessandro Striggio é "estimadíssimo".
118 O organista Ottavio Bargnani.

Cartas de Claudio Monteverdi

VENEZA, 10 DE FEVEREIRO DE 1623
A Alessandro Striggio, Mântua

Meu ilustríssimo senhor e patrão estimadíssimo,

O sereníssimo senhor duque, meu singular senhor, me concedeu a honra de fazer-me saber pela boca do senhor Bergamaschino,[119] que acaba de voltar de Mântua para Veneza, que gostaria que com a próxima carruagem eu me conduzisse até Mântua, levando comigo dois sopranos e dois tocadores de *chitarrone*.[120]

Venho com esta suplicar-lhe que queira se dignar em fazer noto a sua alteza sereníssima que me encontro tão mal (por um ataque reumático que, por conta de uma purgação que fiz no início de outubro, me desceu da cabeça para as costas e depois para todo o corpo) que é necessário que me ajudem a me vestir, não conseguindo eu fazê-lo sozinho pelas dores nas mãos, nos braços e nos pés. É bem verdade que pareço dar sinais de início de melhora, mas me encontro mais do lado do mal que do bem. A isto se somou há três dias uma diarreia que não me deixa descansar.

Assim, comparando tudo isso ao desgosto de ânimo que sinto em não poder ir por conta desse mal, sinto que esse impedimento me faz sofrer mais que o mal em si. Estou, porém, tão desejoso que se esse mal me deixar respirar, espero ser ousado, ajudado pelo desejo em servir sua alteza sereníssima, e pretendo me pôr em viagem. Se eu não for, porém, acredite vossa senhoria ilustríssima que fui obrigado pelo mal a ficar, contra toda

---

119 Apelido de Antonio Calligari.
120 Da família do alaúde.

133

minha vontade. E por isto suplico a vossa senhoria ilustríssima, pelo amor de Deus, que se esse for o caso (e imagino mais que sim do que não), apresente esta verdadeira e real desculpa a sua alteza serreníssima.

No que diz respeito a levar sopranos, acredite-me vossa senhoria ilustríssima que não há aqui pessoas que valham a pena, nem mesmo quem toque *chitarrone* a partir da partitura, somente de forma medíocre, que, porém, segundo meu parecer, não valeria a pena o gasto para levar daqui pessoas medíocres. Instrumentos de sopro sim, encontram-se aqui, e bons, e se vossa senhoria ilustríssima os pedir, espero mandar-lhe algo honestamente bom. No que diz respeito aos *chitarroni*, se é para ficar no comum, acredito que sua alteza serreníssima se satisfará em Verona, gastando bem menos.

Caro patrão, vossa senhoria ilustríssima me desculpe de tanto incômodo e me perdoe. Vivo e viverei para sempre como seu servidor gratíssimo e peço a Deus que sempre felicite e conserve a pessoa de vossa senhoria ilustríssima, à qual beijo as mãos com todo o afeto.

Servidor gratíssimo de vossa senhoria ilustríssima
Claudio Monteverdi

Veneza, 11 de março de 1623
A Alessandro Striggio, Mântua

Meu ilustríssimo senhor e patrão estimadíssimo,

Vossa senhoria ilustríssima queira me perdoar se, como era meu dever na última carta, não agradeci com todo o meu afeto

Cartas de Claudio Monteverdi

a pessoa de vossa senhoria ilustríssima por ter-me tão cortesmente favorecido em apresentar minhas desculpas com sua alteza sereníssima, não tendo podido ir a Mântua e obedecer suas ordens, pois ainda estou realmente doente (mas estava ainda mais que atualmente). Portanto, graças a Deus, estou bem melhor e espero melhorar ainda mais depois da primeira purgação.

Eu sou e serei, enquanto viver, gratíssimo a vossa senhoria ilustríssima: queira Deus que eu possa ser digno de suas ordens para que eu possa me demonstrar um servidor não infrutuoso de vossa senhoria ilustríssima; à qual, com toda reverência, beijo as mãos e peço a Deus que conceda toda completa felicidade.

Servidor gratíssimo de vossa senhoria ilustríssima
Claudio Monteverdi

VENEZA, 4 DE JUNHO DE 1623
Ao duque Ferdinando Gonzaga, Mântua

Meu senhor sereníssimo e patrão estimadíssimo,

Assim que mostrei a carta de vossa alteza sereníssima ao senhor Donati,[121] sem tardar ele se ofereceu em obedecer às suas ordens; assim, ele virá com a senhora Adriana[122] e com o senhor Muzio,[123] que o trará sem que ele tenha que desembolsar nada.

---

121 É provável que se trate de Ignazio Donati, compositor e organista.
122 A cantora Adriana Basile.
123 Muzio Baroni, marido de Adriana Basile.

Venho render mil graças a vossa alteza sereníssima pela honra que me concedeu em dar-me ordens. Suplico que me mantenha em tal boa graça de vossa alteza sereníssima, enquanto, com toda mais humilde reverência, me inclino até o chão e peço a Deus, com o mais caloroso afeto, que lhe conceda as maiores felicidades.

Servidor humilíssimo e gratíssimo de vossa alteza sereníssima
Claudio Monteverdi

VENEZA, 2 DE MARÇO DE 1624
Ao duque Ferdinando Gonzaga, Mântua

Meu singular senhor sereníssimo e patrão estimadíssimo,

Venho render a vossa alteza sereníssima aquelas maiores graças que jamais pude reverendissimamente com toda a minha alma e com todo o meu coração, pela especial honra que vossa alteza se dignou em me fazer, que foi honrar-me com suas ordens, as quais sempre valorizarei como enviadas pelas mãos de Deus como maior honra e sorte que eu possa receber.

Atualmente, sereníssimo senhor, aqui em Veneza não se encontram sujeitos convenientes. Chegou até mim, porém, o seguinte caso por meio de um padre da ordem de Santo Stefano de Veneza, cantor da São Marcos, que há dez dias me disse ter um irmão a serviço do ilustríssimo senhor arcebispo de Salzburg[124] em jovem idade, castrado, com uma bela voz e hábil em trilos e ornamentações; mas por não ter naquele lugar ninguém

---

124 O conde Paris Londron.

Cartas de Claudio Monteverdi

que possa fazê-lo progredir na virtude, gostaria que ele viesse ficar em Veneza caso existisse a oportunidade de fazer algo útil. Respondi-lhe que o fizesse vir, que eu não deixaria de ajudá-lo com os patrões e também daria alguns conselhos. Esta manhã, inclusive, antes que eu recebesse a ordem de vossa alteza sereníssima, ele me disse na capela que lhe escreveu dizendo que venha. Agora que sei como devo agir para agradar vossa alteza sereníssima, não deixarei de cuidadosamente informar-me melhor e, se for o caso, não deixarei de solicitar o negócio para demonstrar com os fatos (além de minha alma disponibilíssima) o quanto desejo continuar servidor de vossa alteza sereníssima; não me atendo somente a isso, não deixarei de investigar outras ocasiões e, assim que ela se apresentar, rapidamente darei parte a vossa alteza sereníssima. Acredito que o senhor Campagnolo,[125] tendo-se encontrado por aqueles lados, poderia talvez informar vossa alteza sereníssima.

Há alguns dias ouvi dizer que em Ferrara havia um que servia àqueles senhores do Santo Spirto[126] com uma belíssima voz e boas ornamentações, o qual dava uma satisfação nada medíocre. Como o sereníssimo senhor príncipe de Módena[127] começou há pouco tempo a se interessar pela música (esse príncipe não deixa de ter gosto, mas o encontra com dificuldade) e por essa razão não dou todo crédito às pessoas que me falaram deste de Ferrara. Não quis, porém, deixar de informar vossa alteza sereníssima para que, se Deus quiser, seja servida como desejo.

---

125 Francesco Campagnolo, tenor e aluno de Monteverdi que se encontrava na corte de Salzburgo.
126 A Accademia dello Santo Spirto.
127 Cesare I d'Este (1562-1628).

E aqui, fazendo humilíssima e profunda reverência a vossa alteza sereníssima, suplicando-lhe com todo possível afeto que me conserve naquela parte da graça onde estão os mais humildes, sim, porém os mais verdadeiros e reais servidores de vossa alteza sereníssima, à qual imploro a Deus com o mais vivo coração o ápice de toda maior felicidade.

Servidor humilíssimo e gratíssimo de vossa alteza sereníssima
Claudio Monteverdi

VENEZA, 15 DE MARÇO DE 1625
A Alessandro Striggio, Mântua

Meu ilustríssimo senhor e patrão estimadíssimo,

Não pude agradecer pelo último correio a infinita bondade de vossa senhoria ilustríssima como devia ter feito. Vossa senhoria se dignou a me assegurar em sua graça para além de meus méritos na ocasião de um litígio em que me encontro em Mântua, por razão de uma briga que eu não queria e nem poderia imaginar. Mas o grande trabalho que tive (e ainda tenho) em servir – na igreja e na câmara – essa alteza da Polônia[128] me impediu que pagasse, ao menos em pequena parte, o enorme débito que tenho e sempre terei com vossa senhoria ilustríssima.

Imploro-lhe que me perdoe, assim como imploro que me conceda a graça de que eu possa pelo próximo correio informá-la sobre meu negócio, e suplico-lhe (em vista de minhas razões)

---

128 Segismundo III (1566-1632).

Cartas de Claudio Monteverdi

que faça que esse litígio acabe sem me causar danos, sendo que a outra parte já obteve de mim tudo o que queria.

Com isto termino, fazendo humilíssima reverência a vossa senhoria ilustríssima, pedindo que Deus Nosso Senhor lhe dê todo o bem.

Servidor gratíssimo de vossa senhoria ilustríssima
Claudio Monteverdi

VENEZA, 23 DE AGOSTO DE 1625
A Ercole Marliani, Mântua

Meu muito ilustre senhor e patrão respeitabilíssimo,

Recebi a gentilíssima carta de vossa senhoria muito ilustre (cheia de uma singular afeição por mim, que nada valho), na qual me promete falar com o Bellis[129] para de uma vez por todas concluir em comum acordo aquilo que me causou tanto aborrecimento e que me arrependo mil vezes em ter deixado começar. Minha maior razão é retirar-me desse litígio,[130] que me causa tamanho desgosto que mesmo se eu tivesse motivo, nunca mais eu iria querer entrar em intrigas desse gênero.

Vossa senhoria muito ilustre me escreveu na última carta que havia falado com o senhor advogado da outra parte e que ele havia dito que eu me contentava em anular o instrumento de transação. Não sei se eu assim o disse, mas se o disse deveria

---

129 Ippolito de' Belli, adversário de Monteverdi no processo.
130 Trata-se do litígio pela sucessão do sogro de Monteverdi, Giacomo Cattaneo, falecido em 1624.

estar pelo menos bêbado, pois o senhor príncipe[131] ordena que em três dias tudo se conclua; como teria eu tido tão pouco juízo para alongar uma querela de algo que eu desejava somente encerrar para que pudesse partir para Veneza?[132] Além disso, eu não fazia nada que não fosse o que queria meu advogado. Ele, aconselhando-me a brigar, aconselhava-me o pior, pois me aconselhava agir contra mim mesmo. Por consequência, ou ele era incompetente ou mal-intencionado para comigo. Então, seja a coisa como for, suplico ao senhor Marigliani, meu senhor, que me conceda a graça de acomodar a coisa do modo que melhor saberá vossa senhoria fazer; e me perdoe, imploro-lhe com as vísceras do meu coração que me perdoe, assegurando-lhe que tudo será amarrado no meu coração com um perpétuo nó de gratidão.

Presentearam-me com as bebidas que envio no engradado para vossa senhoria muito ilustre. Far-me-á graça em aceitá-las por meu amor, ao menos em sinal do agradecimento que lhe devo. Sei que não há proporção (tão pouco para tanto), mas acrescente sua habitual gentileza e tudo ficará bem.

Sobre o vaso que serve para calcinar ouro com chumbo, o senhor Piscina e o senhor médico de' Santi,[133] ambos grandes sujeitos em tal arte, disseram-me que se apanha um vaso como um urinol de barro, ou então uma panela, se unta bem com almécega para que resistam ao fogo; no fundo desse vaso se

---

131 Vincenzo II Gonzaga, irmão mais novo do duque Ferdinando.

132 De fato, o pedido de anulação da transação fez com que continuasse a causa, levando ao sequestro dos bens de Monteverdi; sendo que o príncipe (ao qual Monteverdi tinha recorrido) havia dado ordem de encerrar a causa em três dias.

133 Alquimistas venezianos não identificados.

coloca uma quantidade razoável de chumbo, mais tendente ao muito que ao pouco, para que se produza bastante fumaça; depois se pega um fio de ferro fino e se bate com uma moeda de ouro para que fique ainda mais fino; e fura-se a parte de cima do vaso em quatro lugares e no meio se coloca a dita moeda amarrada pelos quatro lados, de modo que fique pendurada no ar. Depois, em cima do tal vaso se coloca sua tampa e se unta o vaso para que fique resistente e para que a boca do dito vaso fique bem tampada; e em cima de tal tampa faz-se um pequeno buraco; depois se põe fogo embaixo desse vaso, fazendo ferver o chumbo, assim a fumaça circula em torno da moedinha e a calcina de forma que se torna possível amassá-la, a qual se torna tão fina que é quase impalpável. Pode-se também amarrar somente um fio em cima da tampa e, no dito fio de cobre, suspender a moeda, ou duas ou mais, segundo deseje, mas mantendo-as longe umas das outras. Desta forma se calcina o ouro com o chumbo e não há forma melhor que esta.

O vaso será como este, por exemplo:

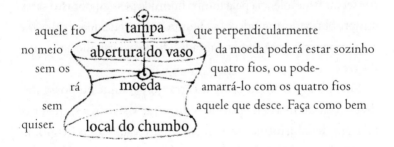

experimentei pegar uma gota e a coloquei em cima de uma colher de latão e depois a esfreguei e este se tornou da cor de prata; dessa água retificada espero fazer algo de digno, sendo que dissolve a prata vigorosamente.

E aqui, fazendo reverência com todo o meu coração a vossa senhoria muito ilustre, peço a Deus que lhe dê o ápice de toda maior felicidade.

Servidor gratíssimo de vossa senhoria muito ilustre
Claudio Monteverdi

Veneza, 19 de setembro de 1625

A Ercole Marliani, Mântua

Meu muito ilustre senhor e patrão respeitabilíssimo,

Compreendi o quanto vossa senhoria muito ilustre vem, por sua infinita gentileza, esforçando-se por mim e também o quanto o sereníssimo senhor príncipe se digna, por sua inata bondade, conservar benevolência pela minha humilde pessoa; por isto serei sempre obrigado a agradecer a Deus por toda felicidade realizada e a permanecer para sempre agradecido a vossa senhoria muito ilustre.

Fico no aguardo do favor do arranjo para que eu possa me dizer fora de intrigas, pois acredito que os antigos, quando falavam de labirintos, tinham em mente também o litígio. E me perdoe, pelo amor de Deus, pelo grande incômodo e inquietação que por minha causa sente, e acredite que nunca me esquecerei de tamanho favor, esperando que esse caso se resolva com a maior vantagem possível para mim.

Daqui a oito dias os fornos de Murano entrarão em ação; entre os primeiros trabalhos estará o meu. Assim que se obtiver o tal vaso, iniciar-se-á tal trabalho, o qual estará terminado – creio eu – em oito dias e mandarei (se Deus quiser) uma pequena ampola[134] a vossa senhoria muito ilustre, à qual faço toda reverência, enquanto com todo meu coração peço a Deus que lhe dê toda felicidade.

Servidor gratíssimo de vossa senhoria muito ilustre
Claudio Monteverdi

VENEZA, 22 DE NOVEMBRO DE 1625
A Ercole Marliani, Mântua

Meu muito ilustre senhor e patrão respeitabilíssimo,

Tendo recebido do excelentíssimo senhor Bagozzi, meu advogado, a carta aqui anexada, na qual, como vossa senhoria muito ilustre poderá ver, me notifica que o senhor Bellis tenta de todos os modos e vias persistir contra mim no que pode e deseja (coisa que eu não acreditaria, depois das palavras que este se dignou a me escrever em suas cartas passadas, ou seja, que uma vez vendidas minhas coisas ele teria ajustado tudo); torno novamente a suplicar-lhe que o faça se acalmar e esperar a conclusão do que vossa senhoria se empenha em fazer por uma e outra parte.

Sei que vossa senhoria saberá agir melhor do que eu poderia sugerir, por isso me entrego em tudo e por tudo ao seu amor

---

134 Trata-se provavelmente de uma ampola de mercúrio.

e à sua grande prudência, deixando-lhe claro que o que eu tentei obter era o dote da senhora Claudia[135] que me foi dado pelo senhor duque,[136] do qual pouco ou nada tive; e que, se eu tentei ter aquela casa e não pude obtê-la por um processo, a parte adversária não perdeu nada de seu, tendo-a obtido. Se agora, do nada, tivesse que pagar mais de 200 escudos, além dos outros 200 já gastos, parece-me que tendo conhecido dele somente afrontas e maldades, me basta o que tive no passado, sem necessidade de acrescentar nada mais. Se eu estivesse em Mântua, essa questão teria certamente tomado outro rumo. Vossa senhoria poderá me dar a satisfação, e sei que o fará, de usar sua graça para me liberar de tamanho desgosto, nunca imaginado e nem pensado.

Caro senhor Marigliani, meu senhor, honre-me nisto e faça que esse homem de pouca consciência reencontre a calma e Deus dará o mérito à sua alma. Suplico que me responda para que eu saiba em que estado de ânimo devo viver. Sei que, quando quiser, vossa senhoria me deixará satisfeito e tudo espero de sua cara graça, à qual com todo meu afeto me ofereço como servidor de verdadeiro coração. E aqui, fazendo-lhe reverência, peço a Deus que lhe dê toda felicidade.

Servidor gratíssimo de vossa senhoria muito ilustre
Claudio Monteverdi

---

135 Claudia Cattaneo, esposa de Monteverdi, falecida em 1607.
136 Vincenzo I Gonzaga, falecido em 1612.

Cartas de Claudio Monteverdi

VENEZA, 15 DE FEVEREIRO DE 1626
A Ercole Marliani, Mântua

Meu muito ilustre senhor e patrão respeitabilíssimo,

Acreditava poder mandar ao menos uma libra [de mercúrio], mas o amigo, que tinha bem pouco, pôde me dar somente esta metade de libra. Ela me foi dada por ele, assim sendo não é necessário outro pagamento. Estarei atento e assim que puder obtê--lo o enviarei rapidamente a vossa senhoria. Dói-me a alma não ter podido satisfazê-la inteiramente como tenho e terei sempre muito desejo de realizar o que sempre se dignar a me ordenar.

Passado o Carnaval começarei algo que ainda desconheço; e colocarei vossa senhoria muito ilustre a par, para a qual vivo e viverei sempre gratíssimo e lhe beijo as mãos com o coração vivo.

Servidor gratíssimo de vossa senhoria muito ilustre
Claudio Monteverdi

VENEZA, 24 DE FEVEREIRO DE 1626
A Ercole Marliani, Mântua

Meu muito ilustre senhor e patrão respeitabilíssimo,

Fiquei muito feliz em saber que vossa senhoria teve gosto em receber o mercúrio virgem que enviei como me havia pedido. Estarei atento caso possa obter mais, e assim servir de forma mais completa à sua vontade, caso vossa senhoria tenha necessidade.

Compreendi o que vossa senhoria me ordena, ou seja, que eu atue com um tal senhor médico de forma que eu aprenda a fazer um certo mercúrio congelado. Empenhar-me-ei rapidamente em perguntar qual pode ser esse médico e farei o meu melhor para servir vossa senhoria. Conheço um tal senhor médico de' Santi, de cabelos ruivos, que se dedica muito em estudar a pedra filosofal. Fora esse senhor, não conheço outros que possam me ensinar o que vossa senhoria me ordena.

Pelo próximo correio poderei talvez satisfazê-la mais que com esse presente, portanto peço que por ora me desculpe. E aqui, fazendo-lhe reverência, peço com todo o afeto de meu coração que Deus Nosso Senhor lhe dê felicidade.

Servidor gratíssimo de vossa senhoria muito ilustre
Claudio Monteverdi

VENEZA, 19 DE MARÇO DE 1626
A Alessandro Striggio, Mântua

Meu ilustríssimo senhor e patrão estimadíssimo,

O presente portador é um de meus filhos,[137] o qual há quatro anos recebeu como graça da madame serteníssima uma vaga para estudar no Colégio Mont'Alto em Bolonha. Agora, doutorado em medicina, foi até Mântua especialmente para render as maiores graças que deve aos seteníssimos patrões, e ao mesmo tempo apresentar-se como humilíssimo servidor e vassalo destes. E em tão boa ocasião vem também se apresentar como servidor humilíssimo de vossa senhoria ilustríssima.

---

137 Massimiliano.

Por isso, suplico a boa graça de vossa senhoria ilustríssima, que, assim como se dignou em honrar-me com o mesmo favor, o faça digno do que ele e eu desejamos, de sua infinita bondade, que ele não deixará de encontrar ocasiões para demonstrar que não é um servidor infrutuoso do desejado favor que vossa senhoria se dignará em lhe conceder.

E eu, acrescentando isto aos outros maiores agradecimentos que devo perpetuamente à gentileza de vossa senhoria ilustríssima — caso não possa servi-la de outra forma —, não deixarei de rezar ao Senhor para que sempre felicite e faça prosperar cada vez mais toda a ilustríssima casa de vossa senhoria ilustríssima. E aqui, com reverente afeto me inclino, e com verdadeiro coração lhe beijo as mãos.

Servidor humilíssimo e gratíssimo de vossa senhoria ilustríssima
Claudio Monteverdi

VENEZA, 28 DE MARÇO DE 1626

A Ercole Marliani, Mântua

Meu muito ilustre senhor e patrão respeitabilíssimo,

Estou solicitando o mercúrio que me foi prometido por um sujeito muito inteligente para enviá-lo o quanto antes a vossa senhoria muito ilustre, mas até o presente momento ele não mo pôde dar. Espero enviá-lo pelo próximo correio. Quis informá-la a esse respeito para que saiba que as ordens de vossa senhoria muito ilustre vivem em meu coração.

Escrevi quatro cartas: uma ao sereníssimo patrão e outra à sereníssima patroa, a terceira ao senhor dom Vincenzo sereníssimo[138] e a quarta ao senhor ilustríssimo conde Alessandro Striggio, meu senhor. Como meu filho[139] precisa ser apresentado, suplico ao senhor Marigliani, meu senhor, que o honre com sua graça, pois por esse favor terei perpétuo agradecimento para com vossa senhoria muito ilustre para sempre, como o faço pelos outros inumeráveis.

Ele me escreve em suas cartas solicitando ser admitido nos círculos de estudos, poder ir escutar as aulas de astrologia de um padre jesuíta e também assistir às consultas médicas, continuando a servir o excelentíssimo senhor Bertoletti,[140] como também o senhor conde Bruschi,[141] meu senhor.

Estou aguardando também que Massimiliano me avise se obteve três boletos que a câmara ducal me deve e quanta esperança posso ter em receber tal dinheiro, do qual me contentei em lhe dar 50 escudos para sua alimentação. Tive que endurecer meu coração para não consentir que ele retornasse a Veneza até que tenha se estabelecido numa nova vida e numa nova forma de aproveitar o que já fez; tenho esperança em Deus que ele me honre, pois sei que tem juízo e honra. E quero acreditar que quando um dia o sereníssimo souber dos conhecimentos de meu filho, talvez não despreze em conceder-lhe sua boa graça, da qual desejo com minha própria alma que Deus o faça digno.

E aqui, fazendo reverência ao muito ilustre meu senhor Marigliani, peço com todo o afeto de meu coração que Deus lhe dê o ápice de toda felicidade; dando-lhe a notícia de que

---

138 Vincenzo II Gonzaga.
139 Massimiliano.
140 Médico mantovano.
141 Conde Francesco Bruschi, "protomédico" de Monferrato.

atualmente estou tentando pôr fogo em um urinol de vidro fechado por sua tampa para tentar extrair não sei o quê, para depois fazer um não sei o quê, que queira Deus eu possa lhe explicar alegremente, meu senhor Marigliani, esse não sei o quê.

Servidor gratíssimo para sempre de vossa senhoria muito ilustre
Claudio Monteverdi

VENEZA, 2 DE JANEIRO DE 1627
A Alessandro Striggio, Mântua

Meu ilustríssimo senhor e patrão estimadíssimo,

O senhor cavaleiro Campagnolo, que chegou a Veneza, veio especialmente para me encontrar e me assegurou sobre a continuação da particular afeição que vossa senhoria ilustríssima tem a meu respeito e acrescentou que vossa senhoria tem em mente honrar-me com ordens a fim de que eu musique alguns versos que se dignaria me enviar.

Venho, portanto, com a presente, corresponder com preces a essa particular graça para que vossa senhoria ilustríssima possa ver nos fatos o quanto desejo ser-lhe um servidor não inútil. Então, caso se digne me dar ordens, fique segura de que serão para mim favores e graças; e caso vossa senhoria determine de outra forma, esta minha carta servirá pelo menos para assegurá-la do meu grande afeto e devoção que conservarei sempre, enquanto eu viver — se não puder servi-la de outra forma, que seja ao menos por meio de minhas preces para que Deus a felicite sempre e console vossa senhoria ilustríssima, à qual por fim, com toda reverência, beijo as mãos.

Servidor devotíssimo e humilíssimo de vossa senhoria ilustríssima
Claudio Monteverdi

VENEZA, 20 DE MARÇO DE 1627
A Alessandro Striggio, Mântua

Meu ilustríssimo senhor e patrão estimadíssimo,

Fiquei sabendo por meu filho Massimiliano e seu servidor da particular graça recebida pelas mãos bondosas de vossa senhoria ilustríssima por meio da boa graça e infinita bondade de sua alteza sereníssima, em ter-lhe dado um semestre que a Tesouraria devia, dinheiro com o qual irá pagando suas despesas e mantendo-se nos bons estudos da medicina. Quis, então, com a presente, vir fazer-lhe os maiores agradecimentos que sei e posso, permanecendo infinitamente grato a vossa senhoria ilustríssima, ele e eu; o qual, não menos que eu, almejará sempre de Deus ter a possibilidade de fazer-se digno de receber as preciosas ordens de vossa senhoria ilustríssima; à qual, com toda reverência, peço a Deus toda completa felicidade e com a mesma reverência beijo--lhe as mãos.

Servidor humilíssimo e devotíssimo de vossa senhoria ilustríssima
Claudio Monteverdi

Cartas de Claudio Monteverdi

VENEZA, 1º DE MAIO DE 1627
A Alessandro Striggio, Mântua

Meu ilustríssimo senhor e patrão estimadíssimo,

Queira me perdoar vossa senhoria ilustríssima se não fui capaz de responder pelo último correio a caríssima e gentilíssima carta de vossa senhoria ilustríssima, pois não me foi concedido tempo pelo atraso em receber a carta, e também pelo grande trabalho que tinha naquele momento, sendo vigília da festa de São Marcos, dia em que estou ocupadíssimo no serviço de música.

Que vossa senhoria ilustríssima se digne em receber esta minha presente no lugar daquela que faltou ao último correio e também em saber com certeza que nunca poderei receber graça maior de minha boa sorte que ser digno das ordens de sua alteza sereníssima; aliás, pedirei a Deus que me dê mais meios para poder, com maiores atitudes do que eu posso, mostrar-me digno de favores tão especiais, rendendo sempre graças e manifestando gratidão infinita a vossa senhoria ilustríssima por tanta honra recebida.

Eu gostaria, porém, de pedir e suplicar a vossa senhoria ilustríssima que, tendo se dignado sua alteza sereníssima em me pedir que musicasse a tal peça, que me concedesse a graça de considerar dois pontos: que eu pudesse ter tempo hábil para compô-la; e que ela fosse feita por uma excelente mão, pois não teria pouco trabalho e pouco prazer em minha alma – aliás, seria uma grandíssima aflição – de ter que pôr em música versos malfeitos; assim como ter que trabalhar com breve tempo, pois foi a brevidade de tempo a razão pela qual quase morri ao escrever a *Ariadna*. Sei que se poderia fazer rapidamente, mas a pressa é inimiga da perfeição. Se então me derem tempo e também a obra (ou um parto do nobilíssimo engenho de vossa senhoria), esteja certíssima de que eu sentiria infinito júbilo, pois sei quanta facilidade e propriedade vossa senhoria ilustríssima me traria. Se a operação se tratar de compor intermédios para uma grande peça, o parto não seria tão cansativo e nem mesmo tão longo; mas uma peça cantada, que almeja se equiparar a um poema, escrita em breve tempo, acredite-me vossa senhoria ilustríssima que não se pode fazer sem cair em um dos dois erros: ou fazê-la mal ou cair doente.

Entretanto, tenho comigo muitas estrofes do Tasso compostas onde a Armida começa: *"O tu che porte/parte teco di me, parte ne lassi..."* [Ó tu que levas/uma parte de mim contigo, a outra deixas...][142] – seguindo todo o lamento e a ira com as respostas de Ruggiero,[143] que talvez não desagradaria. Encontro-me também com o *Combattimento di Tancredi con Clorinda*[144] [Batalha entre Tancredo e Clorinda] feito. Também digeri em minha mente um opúsculo do senhor Giulio Strozzi,[145] muito bela e curiosa que deve ter cerca de quatrocentos versos, intitulada *Licori, finta pazza innamorata d'Aminta* [Licori, a louca fingida apaixonada por Aminta], a qual, depois de ter feito mil artifícios cômicos,

---

142 Tasso, *Gerusalemme liberata*, canto XVI, 40. A música de Monteverdi se perdeu.

143 Equívoco de Monteverdi; trata-se, na verdade, de Rinaldo.

144 Episódio da *Gerusalemme liberata*, de Torquato Tasso (canto XII). A música foi executada em 1624 e foi incluída no Oitavo livro de madrigais (Veneza, 1638).

145 Poeta e libretista de origem florentina (1583-1652), pai adotivo da cantora e compositora Barbara Strozzi.

consegue se casar graças à sua arte da enganação; e tais coisas podem servir como pequenos episódios entre outras músicas, pois não resultariam mal e sei que não desagradariam vossa senhoria ilustríssima. Se também fossem necessárias músicas para igreja, como vésperas ou missas, acredito que nesse gênero eu teria alguma coisa do gosto de vossa alteza sereníssima.

Queira vossa senhoria ilustríssima honrar-me em dar uma olhada nas poucas coisas que aqui mencionei e verá que sou bom nisto. Esteja certíssima de que farei de tudo para ser aprovado pelo gosto de sua alteza sereníssima e pelos singulares favores de vossa senhoria ilustríssima, à qual, sempre permanecendo perpetuamente grato, aqui me inclino com verdadeiro e vivo coração e lhe beijo as mãos pedindo a Deus o ápice de toda maior felicidade.

Servidor humilíssimo e gratíssimo de vossa senhoria ilustríssima
Claudio Monteverdi

VENEZA, 7 DE MAIO DE 1627
A Alessandro Striggio, Mântua

Meu ilustríssimo senhor e patrão estimadíssimo,

Envio a vossa senhoria ilustríssima, como me pediu em sua gentilíssima carta, *La finta pazza Licori* [A louca fingida Licori] do senhor Strozzi, ainda não musicada, nunca impressa e nem levada aos palcos pois, assim que foi terminada pelo autor, foi-me dada rapidamente de sua própria mão a cópia que aqui segue.

Assim que o senhor Giulio souber que ela pode agradar a sua alteza sereníssima, estou certíssimo de que, com prontidão de vontade e de ação, a organizará na divisão de três atos ou como preferir sua alteza sereníssima, pois ele deseja sobremodo vê-la musicada por mim, feliz de ver suas honrosíssimas composições vestidas com minhas humildes notas – e, na realidade, eu tive a prova de que efetivamente ele é um sujeito digníssimo e disponibilíssimo – assim que, caso vossa senhoria ilustríssima goste dessa invenção, não faça caso à sua presente divisão, porque sei que o autor saberá satisfazer vossa senhoria em pouquíssimo espaço de tempo.

A invenção não me parece ruim, nem mesmo a trama. É bem verdade que o papel de Licori, por ser muito variado, não poderá cair em mãos de uma mulher incapaz de se fazer ora de homem e ora mulher, com vivos gestos e paixões contrastantes, pois a imitação de tal fingida loucura deve levar em consideração somente o presente e não o passado e o futuro (por consequência, essa imitação deve se apoiar na palavra e não no sentido de todo o verso); assim sendo, quando falar de guerra, deverá imitar a guerra, quando falar de paz, imitar a paz, quando de morte, a morte, e assim por diante – e também porque as transformações se farão em brevíssimo espaço de tempo, assim como as imitações. Então, a mulher que representar esse papel de primeiríssima importância, que leva ao riso e à compaixão, deverá deixar de lado qualquer outra imitação que não a presente, que lhe será sugerida pela palavra que terá que dizer. Não obstante, acredito que a senhora Margherita[146] o fará de modo excelentíssimo.

Mas para mostrar mais sinais de meu interno afeto, mesmo sabendo que a obra me requereria mais esforço, mando o *Narciso*,

---

146 Margherita Basile, cantora e irmã mais nova de Adriana Basile.

Cartas de Claudio Monteverdi

obra do senhor Ottavio Rinuccini,[147] ainda não impresso, nem posto em música por ninguém e nem mesmo recitado em palcos. Esse senhor, quando vivia (que agora esteja no céu, como rezo com todo o coração), não somente me ofereceu a cópia, mas pediu que eu a usasse, pois amava muito essa sua obra e esperava que eu a musicasse. Várias vezes tentei fazê-la e a amadureci muito em minha cabeça, mas para dizer a verdade a vossa senhoria ilustríssima, não acredito que eu consiga dar a ela a força que eu gostaria, pela quantidade muito grande de sopranos que seria necessária (pelas numerosas ninfas que possui) e pelos muitos tenores (por ter muitos pastores), sem muitas variações e com um final trágico e triste. Não quis, porém, deixar de enviá-la para que vossa senhoria ilustríssima a visse e me desse seu fino julgamento.

Nem de uma e nem da outra tenho cópia, fora as presentes que envio a vossa senhoria ilustríssima; depois de ter tudo lido, faça-me a graça de me reenviar os ditos originais para que eu possa utilizá-los segundo meu interesse nas ocasiões, e saiba que elas me são caríssimas. E aqui, fazendo humilíssima reverência a vossa senhoria ilustríssima e esperando as desejadas ordens, peço a Deus que lhe dê toda felicidade.

Servidor gratíssimo e humilíssimo de vossa senhoria ilustríssima
Claudio Monteverdi

P.S.: Sobre indicar a vossa senhoria ilustríssima algum baixo que pudesse convir ao gosto de sua alteza sereníssima e à necessidade de sua alteza sereníssima de ter excelentes vozes — em particular

---

147 Poeta e libretista florentino, autor também do texto da *Arianna* e do *Ballo delle ingrate*.

de mulheres sopranos – eu não saberia, repito, quem indicar. Ouvi dizer, não lembro onde, que deve haver um bom em Milão, no Duomo. Aqui, para a câmara, não temos ninguém melhor que o Rapalino,[148] mantovano que tem o nome de dom Iacomo como padre, mas é barítono e não baixo; fora isso, pronuncia bem o texto, tem um pouco de trilo e um pouco de melismas e canta corajosamente. Ficarei atento, porém, para poder melhor indicar, e aqui volto a fazer reverência a vossa senhoria ilustríssima.

VENEZA, 22 DE MAIO DE 1627
A Alessandro Striggio, Mântua

Meu ilustríssimo senhor e patrão estimadíssimo,

Com desprazer soube pela gentilíssima e cortesíssima carta quanto desconforto o mal de gota trouxe a vossa senhoria ilustríssima que lhe atingiu: a natureza procura meios para transmitir as inflamações – menos mal que se estas se dirigem aos pés e às mãos, partes extremas do corpo, deixando saudáveis as outras e melhores partes. Por isto, imploro ao Senhor que mantenha essas últimas fortes e vigorosas por muitos anos, que não somente elas se conservem bem, mas que expilam o mal que agride as partes extremas, como espero que elas tenham feito até aqui, de forma que vossa senhoria ilustríssima atualmente se encontra fora da cama e em boa saúde: que o Nosso Senhor lhe conceda e lhe dê a graça como eu o desejo, com verdadeiro afeto e com gratidão perpétua o peço e anseio.

---

148 Giacomo Rapallino, barítono e cantor da igreja de São Marcos.

Cartas de Claudio Monteverdi

Recebi pelo correio não somente a muitíssima bem-vinda carta de vossa senhoria ilustríssima, mas também o *Narciso* e *La finta pazza*. Recebi igualmente a avaliação e a ordem no que diz respeito a *La finta pazza* e realmente acredito, concordando com vossa senhoria ilustríssima, que essa *Finta pazza* em cena conseguirá ser mais nova, mais variada e mais divertida. Agora que sei o que vossa senhoria pensa, não quero deixar (assim que o dito senhor Giulio Strozzi chegar de Florença, em três ou quatro dias), não quero deixar, digo, de me encontrar com ele e de fazer (com tanto zelo como faço minhas coisas) que esse senhor a enriqueça com outras variadas e diversas cenas, como o instruirei segundo meu gosto; e ver se pode enriquecê-la com outras novidades, acrescentando personagens para que a fingida louca não apareça com tanta frequência, e que toda vez que ela entre em cena traga novas graças e novas variações de harmonia e de gestos; relatarei tudo minuciosissimamente a vossa senhoria ilustríssima. Para mim, ele a fez falar muito bem em dois ou três lugares, em dois outros acredito que poderia fazê-la falar melhor, não tanto no verso, mas na novidade. E vou querer que ele ajuste para mim o pensamento de Aminta quando ela dorme, pois gostaria que ela falasse de modo que sua voz não a acordasse; pois tal cautela em falar *sotto voce* me dará a possibilidade de trazer uma nova harmonia, diferente das precedentes, aos ouvidos. Gostaria também que me definisse, de maneira raciocinada e detalhada, o balé que ele intercala no meio; e, como eu disse, darei em seguida um relatório detalhado a vossa senhoria ilustríssima.

Ainda não pude tratar com o senhor Giacomo Rapalini por ter estado dois dias em Pádua. Eu já havia, porém, de minha decisão, feito menção com ele, que me respondeu ser um humilíssimo servo e súdito de sua alteza sereníssima e que consideraria uma glória ser digno de receber ordens de sua alteza sereníssima, esperando que na ocasião sua alteza sereníssima se dignasse constituí-lo em algum posto, por meio de alguma coisa eclesiástica, para que pudesse assegurar seu pão enquanto estivesse em vida. Aqui, da capela ele recebe cerca de 80 ducados, e é livre para rezar missas fora de São Marcos, e recebe 40 ducados do excelentíssimo senhor procurador Foscarini[149] por ser seu capelão; ainda não rezou nenhuma missa para ele, e se pode dizer que ganha sem nada fazer (é verdade que, uma vez morto o tal senhor, morto igualmente será o dito dinheiro); e ainda ganha para cantar nas festas da cidade outros 100 ducados. O dinheiro seguro é o que recebe da capela de São Marcos e o de sua missa cotidiana, que podem ser outros 60 ducados e, se ele estiver saudável, os ganhos extras da cidade, isto é tudo.

Não deixarei de pensar em fazer o que vossa senhoria ilustríssima me ordenou, como até agora o fiz, pois já refleti bastante sobre as invenções e em pouco tempo espero enviar alguma coisa à senhora Margherita, que fará o papel principal; mas antes desejaria saber a extensão exata de sua voz, até onde pode ir no agudo e no grave. E aqui, fazendo humilíssima reverência a vossa senhoria ilustríssima, peço a Deus que lhe dê toda felicidade.

Servidor gratíssimo de vossa senhoria ilustríssima
Claudio Monteverdi

---

149 Giovanni Battista Foscarini.

Cartas de Claudio Monteverdi

VENEZA, 24 DE MAIO DE 1627
A Alessandro Striggio, Mântua

Meu ilustríssimo senhor e patrão estimadíssimo,

Ainda não chegou de Florença o senhor Giulio Strozzi, o qual estou esperando com todo o afeto pelo grande desejo que tenho no peito em fazer o que vossa senhoria ilustríssima me ordenou sobre a *Finta pazza*. E já teria escrito bastante, se não estivesse esperando o autor para melhorá-la ainda mais, muito mais, o qual, segundo as últimas cartas que recebi dele, deve chegar a Veneza em dois ou três dias, se Deus quiser; e espero que a levemos a um tal nível de satisfação que deixe vossa senhoria ilustríssima satisfeitíssima.

Eu já a amadureci de tal modo que sei que poderia pô-la em música em brevíssimo tempo, mas o meu desejo é que toda vez que ela entre em cena traga consigo uma nova graça, com novas variações. E penso que pelo menos em três lugares conseguir-se-ia o efeito: um, no momento em que se forma o campo onde, ouvindo-se fora de cena sons e barulhos que suas palavras tentam imitar, me parece que não ficaria ruim; outro, quando finge estar morta; e o terceiro, quando finge dormir, devendo-se em tal momento utilizar harmonias que imitam o sono. Quanto a alguns outros em que as palavras não podem ser imitadas com gestos, rumores ou outros tipos de imitações possíveis, acredito que não enfraqueceriam o que vem antes ou depois. Por conta desses efeitos é que espero pelo senhor Strozzi, o qual assim que chegar, avisarei a vossa senhoria ilustríssima.

Mas gostaria, com a boa graça do Senhor, que vossa senhoria recebesse meus avisos sem as dores da gota e sem encontrar-se no leito, pois o prazer nunca combina com o desgosto. Rezo e rezarei para que o Senhor conceda a vossa senhoria ilustríssima, com todo o afeto, que retorne à sua saúde anterior, enquanto ao mesmo tempo rezo e rezarei sempre para que Deus me faça digno das ordens de vossa senhoria ilustríssima, como me fez digno de que eu possa me considerar seu servidor gratíssimo. E aqui, fazendo humilíssima reverência a vossa senhoria ilustríssima, com todo meu coração beijo-lhe as mãos. Quando vossa senhoria se dignar me instruir sobre a questão do senhor Rapalini, farei o que for preciso, da forma mais apropriada.

Servidor devotíssimo e gratíssimo de vossa senhoria ilustríssima
Claudio Monteverdi

VENEZA, 5 DE JUNHO DE 1627
A Alessandro Striggio, Mântua

Meu ilustríssimo senhor e patrão estimadíssimo,

Há três dias chegou a Veneza o senhor Giulio Strozzi e, como eu lhe pedi rapidamente que me honrasse em adequar, em nome da estima que ele tem por mim, *La finta pazza Licori*, para que eu usasse em uma ocasião de grandes príncipes, ele se prontificou rapidamente, confessando que aquela sua obra não havia sido feita com uma ideia de perfeição, mas que ele a havia feito em forma de diálogo para agradar em um sarau musical feito pelo senhor Mocenigo,[150] meu senhor. Mas eu, vendo-a distinta e com particularidades incomuns, quis fazê-la ser vista cantada.

---

150 Girolamo Mocenigo (1581-1658).

Contei-lhe que queria utilizá-la para apresentá-la à alteza sereníssima de Mântua em uma certa ocasião e, ao saber que em Mântua, além da senhora Margherita, existem outras duas senhoras virtuosas, ele disse que dará a cada uma a oportunidade de se fazer ouvir, assim como aos outros senhores virtuosos que se encontram nesse sereníssimo serviço. Ele avisa também que fará que a personagem de Licori apareça menos vezes e não quase a cada cena e que a fará surgir sempre com novas invenções e ações. Assim espero, com a colaboração desse excelentíssimo poeta que estará ao meu lado com desejo de me satisfazer por ser muito meu amigo e senhor, fazer algo que não desagrade nem a sua alteza sereníssima e nem a vossa senhoria ilustríssima, pois desejo tanto, com meu coração, servir às suas vontades. Se o modo narrado agrada a vossa senhoria ilustríssima, faça-me algum sinal e rapidamente me colocarei ao trabalho.

Não tratarei da questão do senhor Rapalino enquanto vossa senhoria ilustríssima não me der ordens em novas cartas. Alegro-me com verdadeiro afeto em saber da vigorosa melhora que o importuno mal de gota lhe concedeu. Que Nosso Senhor conserve longamente em boníssima saúde vossa senhoria ilustríssima e a felicite, enquanto com toda reverência lhe beijo as mãos.

Servidor humilíssimo e gratíssimo de vossa senhoria ilustríssima
Claudio Monteverdi

P.S.: Soube pelo senhor Giulio Strozzi, vindo de Florença, que sua alteza sereníssima queria justamente me enviar algo teatral para musicar, mas tendo o senhor Galiani[151] iniciado por conta

---

151 Marco da Gagliano (1582-1643), que já havia servido aos Gonzaga com a ópera *Dafne* (1608) e em 1628 apresentou a *Flora*, sua segunda ópera.

própria, parece que sua alteza sereníssima se contentou com ele; o senhor Giulio acrescentou que estão preparando coisas belíssimas sem que se saiba o porquê.

VENEZA, 13 DE JUNHO DE 1627

A Alessandro Striggio, Mântua

Meu ilustríssimo senhor e patrão estimadíssimo,

Há seis dias entreguei *La finta pazza* ao senhor Giulio Strozzi, o qual imediatamente me prometeu adequá-la ao gosto de vossa senhoria. Hoje, sábado, fui à casa dele para ver as adequações e poder comunicá-las a vossa senhoria ilustríssima e também para tê-la em mãos para começar a musicá-la para vossa senhoria ilustríssima, e descobri que ele havia ido para Pádua por dois ou três dias, para a festa do Santo[152] que se celebra amanhã. Assim sendo, não poderei informar-lhe nada antes do próximo correio. Sei, porém, com certeza, que ele a tem retocado e complementado com muito afinco, pois deseja que também as outras senhoras cantoras interpretem seus papéis, como informei a vossa senhoria ilustríssima em minha outra carta.

Chegou recentemente a Veneza, vindo de Bolonha, um certo jovem com cerca de 24 anos,[153] que usa calças longas, que compõe um pouco e tem como profissão cantar as partes de baixo de câmara. Ouvi-o cantar um seu moteto de igreja com algumas passagens leves, ornamentos e diminuições, com um bom trilo. A voz é muito agradável, mas não muito profunda, e pronun-

---

152 Santo Antônio de Pádua.
153 Provavelmente Giovanni Battista Bisucci, chamado "Il Bolognese".

cia muito bem as palavras, sua voz chega aos ouvidos com a bondade de uma voz de tenor, e canta de forma seguríssima. Um certo Tarroni,[154] que conduz músicos para a Polônia, está atrás dele para levá-lo, mas ele gostaria de ficar na São Marcos para permanecer em Veneza. Juro por Deus que ele não sabe que estou colocando vossa senhoria ilustríssima a par. Como servidor reverentíssimo e gratíssimo de sua alteza sereníssima, pareceu-me justo avisar a vossa senhoria ilustríssima para que, mesmo que vossa senhoria ilustríssima nada me ordene, eu saiba como agir. Caso vossa senhoria ilustríssima não me dê sinal algum, pouco importa pois, como lhe disse, ele não suspeita deste meu aviso.

E aqui, com singularíssimo afeto, pedindo a Deus que vossa senhoria ilustríssima tenha toda felicidade e a desejada saúde, com toda reverência lhe beijo as mãos.

Servidor gratíssimo e afeiçoadíssimo de vossa senhoria ilustríssima
Claudio Monteverdi

VENEZA, 20 DE JUNHO DE 1627
A Alessandro Striggio, Mântua

Meu ilustríssimo senhor e patrão estimadíssimo,

Pelo próximo correio farei saber a vossa senhoria ilustríssima as respostas sobre o que se dignou me ordenar a respeito do negócio dos baixos, não tendo podido em tão pouco tempo encontrar oportunidade de falar prudentemente com quem

---

154 Antonio Taroni, compositor a serviço da corte polaca de Segismundo III.

vossa senhoria me indicou, pois me ocupo sozinho dessa tarefa, sem depender de ninguém.

Direi, porém, a vossa senhoria ilustríssima, como já mencionei em outra carta minha, que considere que o Rapallino tem, assim acredito, 80 ducados da capela, 60 ou 70 de missas e 40 por ser capelão de um excelentíssimo senhor procurador, sem contar com as músicas ocasionais que faz na cidade. O jovem bolonhês que chegou em Veneza por enquanto não tem nada assegurado, se esforça de todas as maneiras em vir para a capela, ele não reza missa; é um jovem de bela estatura (se veste porém com calças longas), canta com voz mais agradável que o Rapallini e de forma mais segura, pois também compõe um pouco, pronuncia bem o texto e tem segurança em trilos e gorjeios; não tem uma voz muito profunda, mas para música de câmara e de cena não desagradaria sua alteza sereníssima (assim espero). Esse jovem veio para Veneza munido de diversas cartas de recomendação para ser agraciado em seu objetivo; entre essas cartas, uma endereçada ao ilustríssimo senhor residente Rossi[155] de sua majestade, ou seja, o imperador:[156] se vossa senhoria confiasse tal negócio ao dito senhor Rossi, parecer-me-ia muito bom para evitar que esses cantores digam que eu os desvio. Estou convencido de que vossa senhoria ilustríssima me satisfará nisto.

O senhor Giulio Strozzi retornou de Pádua e, apesar de ter estado lá, não se esqueceu de melhorar a sua *Finta pazza Licori*, a qual reduziu em cinco atos e em quatro dias me entregará ter-

---

155 Residente (representante) veneziano na corte imperial, Nicolò Rossi.

156 Ferdinando II de Asburgo.

Cartas de Claudio Monteverdi

minada ou me entregará dois ou três atos terminados para que eu comece. Assim sendo, no mais tardar, sábado, dia 8, espero enviá-la para vossa senhoria ilustríssima com a música embaixo. E espero que veja algo que lhe agrade, pois o senhor Giulio é um sujeito digno e com boa vontade se adapta às minhas ideias; tal comodidade facilita muito o meu trabalho de pôr a obra em música cantada.

E aqui, fazendo humilíssima reverência a vossa senhoria ilustríssima, peço a Deus Nosso Senhor que lhe conceda toda felicidade.

Servidor gratíssimo e afeiçoadíssimo de vossa senhoria ilustríssima
Claudio Monteverdi

Veneza, 3 de julho de 1627
A Alessandro Striggio, Mântua

Meu ilustríssimo senhor e patrão estimadíssimo,

Há oito dias recebi o primeiro ato da *Finta pazza* do senhor Giulio Strozzi e sem esperar nem mesmo um dia me pus a trabalhar, quando de repente, há três dias, comecei a soltar catarro e a ter muita dor do lado do olho direito, com inchaço e acompanhado de diarreia, que eu acreditava que não passasse tão cedo. Mas, graças a Deus, já começou a melhorar e agora me deixa escrever esta presente carta a vossa senhoria ilustríssima, o que não seria possível ontem e nem anteontem. Espero enviar pelo próximo correio uma boa parte do ato e enviarei também o ato transcrito por inteiro para que tenha o prazer de lê-lo.

O jovem baixo continua a pedir licença aos excelentes senhores procuradores para ser liberado, e acredito que vossa senhoria ilustríssima se inteirará melhor desse negócio por meio da pessoa para quem ele escreveu,[157] pois sei que o jovem almoçou mais de duas vezes com aquele senhor.

E aqui, fazendo humilíssima reverência a vossa senhoria ilustríssima, com o mais vivo coração, peço a Deus Nosso Senhor que lhe conceda toda felicidade, enquanto lhe beijo a mão.

Servidor humilíssimo e gratíssimo de vossa senhoria ilustríssima
Claudio Monteverdi

VENEZA, 10 DE JULHO DE 1627
A Alessandro Striggio, Mântua

Meu ilustríssimo senhor e patrão estimadíssimo,

Envio a vossa senhoria ilustríssima o primeiro ato de *La finta pazza Licori*, do senhor Giulio Strozzi, assim como me ordenou. Quis mandar o original para que vossa senhoria ilustríssima veja não somente os versos, mas a intriga da fábula pela própria mão do autor e também as personagens.

O autor fez dois intermédios que me entregará amanhã ou depois e diz que a loucura fingida começará no terceiro ato; assim que os receber, enviar-lhos-ei também. Cada ato terá um balé, cada um mais diferente e extravagante que o outro.

Suplico a vossa senhoria ilustríssima que, assim que tiver lido tal ato, se digne a reenviá-lo a mim, pois não pude terminar

---

157 Nicolò Rossi. Monteverdi deixa de certa forma claro que não se deve levantar a suspeita de que ele possa afastar cantores de Veneza.

de copiá-lo pela indisposição do olho que comuniquei a vossa senhoria ilustríssima em minha outra carta; tal indisposição, louvado seja Deus, praticamente passou por completo.

O senhor Giulio me disse que cada ato desenvolverá uma nova ação, o que me faz continuar acreditando que não sairá algo ruim. Restará que a senhora Margherita vire ora um bravo soldado, ora temente, ora ousado, dominando bem os próprios gestos sem medo nem pudor, pois tendo à ideia de que as imitações vigorosas que farão a música, os gestos e os andamentos se representem por detrás da cena,[158] e acredito que isto não desagradará a vossa senhoria ilustríssima, pois passaremos abruptamente de harmonias vivazes e estrepitosas a harmonias suaves e delicadas para que o texto seja bem enfatizado.

Não direi nada em relação à parte que canta aquele baixo *leggero*, pois vossa senhoria ilustríssima espera resposta de outros correspondentes. Aquele senhor me disse, porém, que ele havia pedido uma quantia exorbitante de 500 escudos mantovanos, e eu lhe respondi que informasse o tal jovem que eu considerava que com 20 escudos por mês ele estaria muito bem pago (supondo que sua alteza sereníssima quisesse chegar a tanto), pois aqui não poderia pretender mais que isso, nem mesmo com os extraordinários, e acredito que isto aquele senhor já lhe tenha dito.

E aqui, fazendo humilíssima reverência a vossa senhoria ilustríssima, com todo meu coração, peço a Deus que lhe dê toda felicidade.

Servidor humilíssimo e gratíssimo de vossa senhoria ilustríssima
Claudio Monteverdi

---

158 Talvez queira dizer que haverá músicos atrás do palco, em cena.

Claudio Monteverdi

VENEZA, 24 DE JULHO DE 1627
A Alessandro Striggio, Mântua

Meu ilustríssimo senhor e patrão estimadíssimo,

Suplico-lhe que queira me perdoar pela minha ausência no último correio, não tendo respondido à gentilíssima e contesíssima carta de vossa senhoria ilustríssima. Muitos compromissos no sábado passado, dia do último correio, foram a causa de tal minha falta. Dois foram os compromissos: um, fazer músicas de câmara das 17 horas até às 20 horas para o príncipe de Neuburg,[159] que se encontra escondido na casa do senhor embaixador de Inglaterra;[160] o outro, assim que terminei tal música, tive que ir, estimulado pelo pedido de muitos amigos, à Igreja do Carmine (era o dia das primeiras vésperas da Nossa Senhora da ordem dos carmelitas) e isto me ocupou quase até uma hora da manhã.

Venho agora com esta contar a vossa senhoria ilustríssima da particular alegria que senti ao saber, pela sua gentilíssima carta, sobre o prazer que lhe deu o primeiro ato da audaz *Licori* do senhor Giulio Strozzi. Agora a tenho inteira em minhas mãos, entregue a mim pelo próprio senhor Giulio, cheia de belas variações. Ela será transcrita em minha casa para que não se possa copiá-la inteiramente e nem em partes. Já fiz quase todo o primeiro ato e estaria muito à frente se não tivesse tido aquela pequena doença no olho que comuniquei a vossa senhoria ilus-

---

159 Wolfgang Wilhelm, conde palatino da Renânia, duque de Neuburg a partir de 1614.
160 *Sir* Isaac Wake.

Cartas de Claudio Monteverdi

tríssima, e se não tivesse tido que escrever músicas eclesiásticas. De agora em diante trabalharei mais arduamente e se vossa senhoria desejar vê-la, quero dizer, lê-la inteira, sendo que a terei já transcrita, enviá-la-ei a vossa senhoria ilustríssima para que possa dar uma olhada e ver que a senhora Margherita realmente terá possibilidade de demonstrar seus talentos.

Vi o que vossa senhoria ilustríssima propôs ao jovem baixo e me parece que este estava bem determinado em ir servir sua alteza sereníssima e realmente o salário me parece até exceder aos seus méritos, pois é bem verdade que canta com segurança, mas canta de forma um tanto melancólica e não define bem os melismas porque na maioria das vezes não consegue adicionar a ressonância de peito àquela de garganta; pois se falta a voz de garganta à voz de peito os melismas ficam crus, duros e ofensivos; se falta a de peito àquela de garganta, os melismas ficam como se fossem pastosos e a voz fica quase contínua; mas quando as duas atuam, o melisma se faz de forma suave e definida, e é mais natural. Mesmo não estando na capela, se ele se põe a procurar ganhos aqui e ali (pois festas medianas e grandes se fazem bastante nesta cidade, particularmente neste período) é porque gosta de ver cair alguns trocados em sua bolsa, como pode lhe oferecer essa bendita liberdade, pois não posso conferir a outra coisa a causa. A natureza do jovem é bastante quieta, modesta e humilde.

E aqui, fazendo humilíssima reverência a vossa senhoria ilustríssima, peço a Deus Nosso Senhor que lhe dê o ápice de toda maior felicidade.

Servidor humilíssimo e gratíssimo de vossa senhoria ilustríssima
Claudio Monteverdi

Veneza, 31 de julho de 1627
A Alessandro Striggio, Mântua

Meu ilustríssimo senhor e patrão estimadíssimo,

Mandei copiarem a peça *Finta pazza* do senhor Giulio Strozzi e apesar de minha pressa (hoje, dia do correio, recebi a ordem de vossa senhoria ilustríssima para que eu lha mande para que a veja), não pude recebê-la de volta. Espero sem dúvida enviá-la a vossa senhoria ilustríssima pelo próximo correio, o original ou a cópia, sobre a qual o dito copista trabalha há seis dias.

E será para mim um grande favor que vossa senhoria a veja para encontrar o gosto de vossa senhoria ilustríssima, à qual desejo servir completissimamente, com todo meu saber e poder. Com esse mesmo ardor peço a Deus que felicite continuamente e conserve a honradíssima pessoa de vossa senhoria ilustríssima, à qual humildemente me inclino e beijo as mãos.

Servidor humilíssimo e gratíssimo de vossa senhoria ilustríssima
Claudio Monteverdi

Veneza, 17 de agosto de 1627
A Alessandro Striggio, Mântua

Meu ilustríssimo senhor e patrão estimadíssimo,

Aproveitando a ocasião do presente portador, o senhor baixo, que vem se pôr às ordens de sua alteza sereníssima, eu quis informar vossa senhoria ilustríssima que muitos afazeres mantiveram ocupado o copista da fábula *Finta pazza Licori*, que por isto não pôde até o presente momento mandá-la a vossa senhoria ilustríssima, mas espero enviar-lha em breve. O senhor baixo pode testemunhar todos esses afazeres, ele que me pediu que aproveitasse a ocasião para exprimir a vossa senhoria ilustríssima o quanto ele deseja e almeja a boa graça de vossa senhoria ilustríssima e o quanto deseja ser reconhecido como servidor de verdadeiro coração de vossa senhoria ilustríssima; à qual com todo meu afeto me inclino e beijo reverentissimamente as mãos, pedindo a Deus que lhe conceda toda felicidade.

Servidor devotíssimo e gratíssimo de vossa senhoria ilustríssima
Claudio Monteverdi

VENEZA, 28 DE AGOSTO DE 1627
A Alessandro Striggio, Mântua

Meu ilustríssimo senhor e patrão estimadíssimo,

O copiador esteve um pouco doente: por tal impedimento pôde me entregar a cópia da dita peça somente até o terceiro ato. Pelo próximo correio enviarei o restante a vossa senhoria ilustríssima, assim como ele me prometeu; e queira me perdoar pelo atraso, não sendo minha a culpa, esperando as ordens de vossa senhoria ilustríssima sobre a dita peça.

E aqui, fazendo humilíssima reverência a vossa senhoria ilustríssima, peço a Deus Nosso Senhor que lhe dê o ápice de toda felicidade.

Servidor devotíssimo e gratíssimo de vossa senhoria ilustríssima
Claudio Monteverdi

Claudio Monteverdi

VENEZA, 10 DE SETEMBRO DE 1627
Ao marquês Enzo Bentivoglio, Ferrara

Meu ilustríssimo e excelentíssimo senhor e patrão estimadíssimo,

Ontem, que era o dia 9 do presente mês, recebi pelo correio um envelope de vossa excelência ilustríssima, no qual havia um intermédio[161] e uma carta de vossa excelência ilustríssima, cheia de infinita generosidade e honra para comigo, e juntamente uma cópia de um parágrafo de uma carta da sereníssima senhora duquesa de Parma[162] escrita a vossa excelência ilustríssima, na qual se digna honrar-me em me ordenar, por meio de vossa excelência ilustríssima, que eu coloque em música o que vossa excelência ilustríssima me ordenar.

Tive somente o tempo de ler duas vezes o intermédio até se apresentar a ocasião de escrever, e chegou o dia de partida do correio. Pude ver, no entanto, tanta beleza que na realidade me senti entusiasmadíssimo com tão bela obra. E apesar de ter tido pouco tempo, não por isto fui completamente infrutuoso, pois já dei início ao trabalho, bem como mostrarei alguma coisa feita a vossa excelência ilustríssima na próxima quarta-feira. Já vi que, para as necessidades de tal intermédio, será preciso utilizar quatro tipos de harmonias: um que inicia desde o princípio e segue até o início das iras entre Vênus e Diana, o outro do início das iras até o fim da discórdias destas, outro

---

161 *Diana e Venere* [Diana e Vênus], o terceiro dos cinco intermédios escritos por Ascanio Pio di Savoia para a representação da *Aminta* de Torquato Tasso.

162 Margherita Farnese, nascida Margherita Aldobrandini.

Cartas de Claudio Monteverdi

quando entra Plutão para pôr ordem e calma até quando Diana começa a se apaixonar por Endimião, e o quarto e último do início de tal enamoramento até o fim. Mas me acredite vossa excelência ilustríssima que algumas passagens poderiam me trazer, sem sua delicada ajuda, não pouca dificuldade. Darei informações mais precisas a vossa excelência ilustríssima na quarta-feira.

Por ora, não desejo nada antes de render graças a Deus, que me fez digno de poder receber tão altas ordens de tão elevados senhores e patrões, pedindo a Ele que também me faça digno do bom sucesso de ação e de intenção, a qual certamente procurará servir aos patrões como melhor souber, rendendo infinitas graças a vossa excelência ilustríssima por tamanho favor, pedindo a Deus que sempre opere para a boa graça de vossa excelência ilustríssima, suplicando-lhe que faça os maiores agradecimentos àquelas altezas seceníssimas, às quais faço humilíssima e profunda reverência, colocando-me como humilíssimo servidor. E frente a vossa excelência ilustríssima me inclino e lhe beijo a mão.

Servidor devotíssimo e gratíssimo de vossa excelência ilustríssima
Claudio Monteverdi

VENEZA, 10 DE SETEMBRO DE 1627
A Alessandro Striggio, Mântua

Meu ilustríssimo senhor e patrão estimadíssimo,

Envio a vossa senhoria ilustríssima o restante da *Finta pazza Licori*; não o enviei pelo correio passado pois o copiador não

Claudio Monteverdi

pôde entregar-ma antes da saída do mensageiro. Compreendi o que vossa senhoria ilustríssima se dignou em me pedir, e mesmo sem que vossa senhoria me pedisse silêncio, sendo esta uma questão que, se falada, poderia trazer danos ao meu atual serviço (pois no nosso grupo de cantores acontecem coisas estranhas), sobre este assunto era necessário saber me comportar, sobretudo sendo essa uma ordem da inata gentileza de vossa senhoria.

O senhor marquês Bentivoglio, muito meu senhor por vários anos, me escreveu há um mês pedindo-me que musicasse alguns textos escritos por sua excelência para usá-los em uma certa peça de primeiríssima importância que se faria para o matrimônio de príncipes, e seriam intermédios e não uma peça cantada. Sendo ele meu muito particular senhor, respondi-lhe que faria o melhor que pudesse para servir às ordens de sua excelência ilustríssima. Respondeu-me com especial gratidão e disse que contavam usá-la para o matrimônio do sereníssimo duque de Parma.[163] Respondi-lhe que teria feito o que ele se dignasse a me ordenar. Rapidamente informei àquelas altezas sereníssimas[164] e recebi a resposta de que deveria me empenhar em tal serviço. Assim, rapidamente, me mandou o primeiro intermédio e já compus quase a metade; e o faço com facilidade pois quase todos são solilóquios. Essas altezas me honraram muito com tal ordem, pois eu soube que havia cerca de seis ou sete aspirantes a essa tarefa e, não obstante, esses senhores *motu proprio* [por vontade própria] escolheram a minha pessoa. Assim se deu o negócio.

---

163 Casamento do duque Odoardo Farnese e Margherita de' Medici.
164 O casal citado na nota anterior.

Cartas de Claudio Monteverdi

Respondo agora ao capítulo que contém o bom e particular afeto do sereníssimo senhor duque Vincenzo,[165] meu singular senhor, que permanecerá tal em todo estado e tempo e em qualquer circunstância, pela particular reverência que terei sempre àquela sereníssima casa e pela especial gratidão que tenho à dita alteza sereníssima, tendo eu recebido favores particulares de sua infinita bondade. E digo então que sua alteza sereníssima será sempre minha senhora e patroa; não pretendo nada além de sua boa graça, mesmo sabendo que não consentiria minha ruína e meu tormento, esperando que aquilo que eu possuo, eu possua por toda a vida, podendo ou não servir (pois assim caminha tal segurança, não somente ao maestro de capela, quanto aos próprios cantores, não obrigariam ninguém a fazer o que não pode, em tempo algum); mas eu diria que sou desafortunado, que vossa senhoria ilustríssima acredite-me que o meu destino, para se divertir comigo, faria que os salários que sua alteza sereníssima se dignasse a me oferecer não se encontrassem na Tesouraria nove entre dez vezes. Assim, por esse importante fato eu adoeceria em pouquíssimo tempo, além dos infortúnios seguidos das mortes de príncipes, que poderiam me deixar sem nenhum salário.

Nada daria mais calma e satisfação a minha alma que uma conezia em Cremona, além de minha terras (sem mais vantagens vindas da Tesouraria) e tal conezia, se fosse uma ordem da majestade imperatriz[166] ao senhor governador de Milão ou ao próprio cardeal de Cremona, eu rapidamente a teria. Tal

---

165 Certamente sobre a proposta de retornar a Mântua como maestro de capela.

166 Eleonora Gonzaga, esposa do imperador Ferdinando II da Áustria.

Claudio Monteverdi

conezia poderia me dar cerca de 300 escudos naquela moeda. Assim eu, com essa certeza e com as minhas terras, poderia ficar seguro de que poderia servir até quando eu pudesse, tendo onde me aposentar para meus últimos dias, com honra e na paz de Deus. De outra maneira eu temeria sempre, como disse a vossa senhoria ilustríssima, uma peça pregada por minha má sorte; e a poderia certamente esperar, pois não nasci ontem. Na intenção de obter essa conezia, antes que sua majestade se desfaça do benefício, eu estava por passar em Mântua e suplicar cartas de recomendação de sua alteza sereníssima à majestade a imperatriz,[167] enquanto também lhe apresentaria algumas minhas composições, especialmente para ser o favorito ao posto da conezia; o senhor príncipe da Polônia se empenhou especialmente nesse assunto, mas a má sorte veio de mim, que não quis apresentar suas cartas por uma certa reserva.

Não vivo rico, não, mas não vivo nem mesmo pobre e mais que qualquer coisa, vivo com a segurança desse dinheiro até minha morte; e mais: seguríssimo em recebê-lo sempre nos tempos determinados do salário, que são de dois em dois meses, sem nenhuma falta. Aliás, se atrasa um pouco, trazem--no até minha casa. Faço na capela o que eu quero, pois tenho ainda abaixo o submaestro chamado vice-maestro de capela, e não há obrigação nenhuma de ensinar. E a cidade é belíssima e, se quero trabalhar um pouco mais, chego a ganhar outros bons 200 ducados. Este é o meu estado. No entanto, o senhor duque será sempre meu senhor e lhe serei sempre servidor certíssimo e humilíssimo em qualquer lugar e estado.

E aqui, fazendo humilíssima reverência a vossa senhoria ilustríssima, peço a Deus Nosso Senhor que lhe dê o ápice de

---

167 Do duque Vincenzo II Gonzaga à irmã Eleonora Gonzaga.

Cartas de Claudio Monteverdi

toda felicidade, enquanto lhe rendo infinitas graças com infinito agradecimento, suplicando-lhe que me perdoe se esta foi muito longa; afinal, a escrita não é a minha profissão.

Servidor gratíssimo de vossa senhoria ilustríssima
Claudio Monteverdi

VENEZA, 10 DE SETEMBRO DE 1627
A Ercole Marliani, Mântua

Meu ilustríssimo senhor e patrão estimadíssimo,[168]

Recebi a queridíssima e cortesíssima carta de vossa senhoria ilustríssima com uma carta do senhor Alessandro anexada,[169] consorte da senhora Settimia,[170] na qual diz somente que é certo que aquilo que os sereníssimos príncipes querem organizar será feito daqui a pouco tempo e que até o presente momento não se veem versos nem algum início; e assegura-me novamente, com sua gentileza, que não consentirá que a senhora sua esposa obedeça a ninguém mais em seu canto que não seja a mim. E pede que eu não me espante por ele ter respondido ao senhor Sigismondo,[171] não podendo suportar que

---

168 Monteverdi aqui muda a fórmula usada para saudar Marliani, que havia sido nomeado conselheiro do duque.

169 Alessandro Ghivizzani (c.1591-c.1632), compositor.

170 Settimia Caccini (1591-1638), filha de Giulio Caccini e cantora.

171 Sigismondo d'India (c.1580-1629), que havia certamente difamado Monteverdi por não ter obtido a ordem para compor a música para as bodas dos príncipes.

Claudio Monteverdi

um amigo que ele ama fosse (com ou sem razão) atormentado, pedindo-me que, caso soubesse de algo, que lho dissesse.

E ao final de tal carta me diz que ele não é músico de sua alteza sereníssima e pede que eu não lhe atribua mais o título de músico de sua alteza sereníssima. Não o sabendo, não me maravilho que eu tenha cometido tal erro e, escrevendo a sua senhoria (como o farei pelo próximo correio) tentarei não cair no erro passado. Mas o que me fez me enganar foi ver tais palavras em sua carta: "... se ninguém (fora a pessoa de vossa senhoria) almejar o encargo de tais músicas, sou eu que devo almejá-lo, mais que nenhuma outra pessoa, pois não deixo a desejar na arte a nenhum destes" (e cita os nomes), mas sobretudo considerando os méritos particulares de sua senhora consorte e sua servidão de muitos anos àquela sereníssima casa. E me parece, sendo que tal encargo convém ao músico e não ao médico, por tais motivos eu o chamei assim; mas assim que lhe escrever espero consertar tal erro e que ele me perdoe. Sua carta estava cheia de muitíssimo amor e gentileza.

Sou convidado a ir até Mântua pelo ilustríssimo senhor conde Alessandro Striggio, muito meu senhor, pois deseja conversar comigo. Passada a festa de Nossa Senhoria do Rosário e depois do retorno de sua alteza sereníssima de Maderno, será possível ir até Mântua e isto me fará muito feliz, seja para desfrutar daquela pátria que muito amo, como para me felicitar com o senhor Marigliani, muito meu senhor, regozijando-me sempre, como sempre me regozijarei, de suas felicidades alcançadas. Que Nosso Senhor as conceda sempre a vossa senhoria, enquanto, com toda reverência, beijo as mãos de vossa senhoria ilustríssima.

Servidor gratíssimo de vossa senhoria ilustríssima
Claudio Monteverdi

Cartas de Claudio Monteverdi

VENEZA, 18 DE SETEMBRO DE 1627
A Alessandro Striggio, Mântua

Meu ilustríssimo senhor e patrão estimadíssimo,

Realmente, o que vossa senhoria ilustríssima observa sobre a *Finta pazza* eu também havia observado, mesmo se tudo pode se sustentar pela variação do canto. Não terminei toda a *Aminta*: precisaria de pelo menos dois meses por não ter mais aquela energia da juventude para compor. Não obstante, uma boa parte está feita.

Sobre a conezia, entrego tudo à prudência de vossa senhoria ilustríssima, reservando-me a tratar desse assunto quando estiver em Mântua, o que não poderá acontecer em outubro, por ter que preparar certas festas[172] por ordem do sereníssimo nosso doge;[173] farei, de toda maneira, o meu melhor para ir.

E aqui, fazendo humilíssima reverência a vossa senhoria ilustríssima, peço a Deus Nosso Senhor que lhe conceda todas as alegrias desejadas e ao mesmo tempo, com todo meu coração, beijo-lhe a mão.

Servidor gratíssimo de vossa senhoria ilustríssima
Claudio Monteverdi

---

172 Comemoração da vitória de Lepanto, celebrada dia 7 de outubro, que coincidia com as festas litúrgicas de Santa Giustina e de Nossa Senhora do Rosário.
173 Giovanni Cornaro, falecido em 1629.

Claudio Monteverdi

Veneza, 18 de setembro de 1627
Ao marquês Enzo Bentivoglio, Ferrara

Meu ilustríssimo e excelentíssimo senhor e patrão estimadíssimo,

Espero sem dúvida pelo próximo correio de sábado enviar a vossa excelência ilustríssima o intermédio da *Didone* [Dido][174] inteiramente feito. Acreditava poder enviá-lo pelo correio presente, mas se sobrepôs um acontecimento que não me deixou compor por dois dias. E espero que tal intermédio não desagrade vossa excelência ilustríssima; falta pouco para terminar também o primeiro.

Aviso a vossa excelência ilustríssima o recebimento do mensageiro com os versos para o serviço do torneio. Estes ainda não li bem, pela brevidade do tempo que tive e por ter estado empenhado escrevendo o narrado intermédio da *Didone*. Vi, porém, num passar d'olhos, as falas dos Meses e também vi a Discórdia. Pensei um pouco na imitação da dita discórdia e me parece que será um pouquinho difícil. A razão é esta: os meses devem ser concertados em harmonias suaves – procurando todavia as que imitam melhor cada um deles –, no que diz respeito à harmonia contrária, que deve servir à discórdia (digo, contrária àquela que será usada para os meses), ainda não consigo imaginar nada além de fazê-la recitar e não cantar. Este é, porém, um primeiro pensamento, que quis notificar a vossa excelência ilustríssima para que, pelo seu julgamento tão certeiro, possa me ajudar a servir da melhor forma o gosto de vossa excelência ilustríssima, o que desejo com todo o afeto. Não excluo, porém, que as falas

---

174 Um dos intermédios escritos por Ascanio Pio di Savoia.

Cartas de Claudio Monteverdi

da dita discórdia não sejam amplificadas pela música, ou seja, que ela falaria como se estivesse a cantar, mas esse seu canto não seria apoiado à harmonia de nenhum instrumento; assim eu acredito que seja essa imitação.

Dar-me-ia muito prazer saber de vossa excelência ilustríssima o tempo de que disponho para escrever os ditos cantos, para poder obedecer a suas ordens em tempo, pois aqui em Veneza correm rumores de que o matrimônio desses sereníssimos príncipes deve se realizar no próximo Carnaval de 1628. E aqui, fazendo humilíssima reverência a vossa senhoria ilustríssima, beijo-lhe a mão.

Servidor humilíssimo e gratíssimo de vossa senhoria ilustríssima
Claudio Monteverdi

Veneza, 25 de setembro de 1627

A Alessandro Striggio, Mântua

Meu ilustríssimo senhor e patrão estimadíssimo,

Compreendi o que vossa senhoria ilustríssima desejaria: não deixarei de empregar todo o tempo de que eu puder dispor para servir seu gosto delicado, esteja certa de que não deixarei de fazer todo o possível. É bem verdade que estes cantos para Parma me mantêm muito ocupado e, se vossa senhoria ilustríssima quisesse algo de pronto, talvez a *Armida* não lhe desagradasse,[175] pois foi feita no mesmo espírito do que deseja vossa senhoria ilustríssima.

---

175 Da *Gerusalemme liberata* de Tasso, e já oferecida por Monteverdi em uma carta precedente.

Claudio Monteverdi

E aqui, esperando ordens, com todo o afeto, faço humilíssima reverência e peço ao Senhor que lhe conceda toda felicidade.

Servidor gratíssimo de vossa senhoria ilustríssima
Claudio Monteverdi

VENEZA, 25 DE SETEMBRO DE 1627
Ao marquês Enzo Bentivoglio, Ferrara

Meu ilustríssimo e excelentíssimo senhor e patrão estimadíssimo,

Suplico a vossa excelência ilustríssima que não se espante se pelo correio de quarta-feira passada não respondi à generosíssima carta de vossa excelência ilustríssima. A causa foi que o excelentíssimo senhor procurador Foscarini, meu singular senhor, tendo um filho podestade em Chioggia que deseja se valer de minha pessoa para uma certa função de música, me reteve em Chioggia um dia a mais do que eu esperava (que foi o mesmo dia da partida do correio). Assim, ao meu retorno na quinta-feira e não na quarta-feira passada, recebi o envelope de vossa excelência ilustríssima com dentro um belíssimo intermédio e com a ordem de que eu fosse até Ferrara ontem, dia 24 do presente mês. Tendo percebido minha falta, acredite-me vossa excelência ilustríssima que senti uma especial aflição na alma, como continuarei sentindo até que vossa senhoria ilustríssima se digne, por um aviso, me dizer o que a satisfaria.

Tendo se passado esse pouco tempo contra a minha vontade, gostaria de suplicar a vossa excelência ilustríssima que se dignasse conceder-me a graça de que eu possa ficar em Veneza até o dia 7 do próximo mês, pois neste dia o sereníssimo doge

Cartas de Claudio Monteverdi

irá em procissão até Santa Justina para render graças a Deus Nosso Senhor pela feliz vitória naval,[176] e vai com todo o senado e lá se cantará uma música solene. Assim que tal função for cumprida, colocar-me-ei no barco com o correio e virei obedecer às ordens de vossa excelência ilustríssima. Será coisa santa ver o teatro de Parma para poder aplicar a ele as harmonias apropriadas a tão grande lugar, o que não será coisa tão fácil (eu acredito), concertar as numerosas e variadas falas que vejo em tais belíssimos intermédios.

Enquanto isto, continuarei fazendo e escrevendo para poder mostrar a vossa excelência ilustríssima mais e maiores coisas do que as que atualmente possuo. E aqui, fazendo humilíssima reverência a vossa excelência ilustríssima, peço a Deus Nosso Senhor, com todo meu coração, que lhe conceda o ápice de toda maior felicidade.

Servidor humilíssimo e gratíssimo de vossa excelência ilustríssima
Claudio Monteverdi

VENEZA, 2 DE OUTUBRO DE 1627
A Alessandro Striggio, Mântua

Meu ilustríssimo senhor e patrão estimadíssimo,

Compreendi o que vossa senhoria ilustríssima me ordenou. Pelo próximo correio enviarei uma parte a vossa senhoria ilustríssima, que mandarei copiar, pois a primeira cópia está toda amassada. E espero que tal pequena obra não desagrade a

---

176 A batalha de Lepanto, ocorrida em 1571.

vossa senhoria ilustríssima; e se for necessário incluir algo que lhe agrade para complementá-la, com um mínimo sinal enviado por vossa senhoria me colocarei a servi-la, como é minha obrigação e dever, pois não desejo nada além de me mostrar a vossa senhoria ilustríssima servidor com os verdadeiros afetos de sempre.

E aqui, fazendo humilíssima reverência a vossa senhoria ilustríssima, peço a Deus Nosso Senhor que lhe dê toda maior felicidade.

Servidor gratíssimo de vossa senhoria ilustríssima
Claudio Monteverdi

PARMA, 30 DE OUTUBRO DE 1627
Ao marquês Enzo Bentivoglio, Ferrara

Meu ilustríssimo e excelentíssimo senhor e patrão estimadíssimo,

Venho fazer reverência a vossa senhoria ilustríssima e ao mesmo tempo render aquelas maiores graças que sei e posso pelas especiais e extraordinárias honras recebidas pela madame sereníssima e pelo sereníssimo príncipe, senhores que não somente deram ordens aos senhores ministros para que toda comodidade me fosse dada, mas que me certificaram eles mesmos verbalmente sobre essa comodidade. O ilustríssimo senhor mordomo[177] não tardou em executar a vontade dos patrões e, por sua gentileza própria, foi ainda além nos bons tratos, assim não me falta receber nada das mãos de Deus que não seja a graça

---

177 O conde Fabio Scotti.

Cartas de Claudio Monteverdi

dos fatos, não digo em tudo (o que não seria possível), mas ao menos em parte, correspondente às singulares e numerosas graças. Não me falta o reverente afeto pois, em verdade, eu ardo de desejo de fazer algo que agrade a suas altezas sereníssimas e o delicado gosto de vossa excelência ilustríssima, a qual se aqui estivesse presente eu esperaria ainda mais agradar. Quanto à madame sereníssima, acredito que ela pensasse que vossa excelência ilustríssima viria a Parma, pois, quando lhe apresentei a carta de vossa excelência ilustríssima, ela me disse: "E quando chegará a Parma o senhor marquês?".

Terminei o primeiro intermédio, que é aquele de *Melissa e Bradamante*, e não o de *Didone*, que será o segundo. Estou trabalhando no terceiro, e assim que ele estiver terminado começarei a ensaiar alguma coisa e, durante o tempo dos primeiros ensaios terminarei, se Deus quiser, também o quarto. O quinto ainda não recebi, mas acredito que me será entregue o quanto antes. Quando pude, não deixei de fazer algo para o torneio,[178] pois uma vez este organizado (se não inteiro, pelo menos a maior parte), gostaria de ter a graça de poder ir a Veneza para servir a igreja de São Marcos na noite de Natal, cuja solenidade é a maior que o maestro de capela realiza durante todo o ano; e logo em seguida retornar às ordens destas altezas sereníssimas e de vossa excelência ilustríssima.

Tenho informado suas altezas e o senhor ilustríssimo mordomo sobre tudo o que fiz e venho fazendo e eles demonstraram agrado, e por isso agradeci a Deus, ao qual também peço com todo caloroso afeto que sempre felicite e conserve vossa

---

178 *Mercurio e Marte* [Mercúrio e Marte], de Claudio Achillini.

excelência ilustríssima, da qual, inclinando-me humilíssima-
mente, beijo reverentemente a mão.

Servidor humilíssimo e gratíssimo de vossa excelência ilustríssima
Claudio Monteverdi

P.S.: Preciso também contar a vossa excelência ilustríssima sobre
a bela entrada que fizemos, eu e o gentilíssimo senhor Goretti,[179]
em Módena, a qual deu seguimento à satisfação de toda a viagem, que foi feita alegremente; esse senhor e eu estamos agora
empenhados ardentemente para chegar ao objetivo que desejamos calorosamente para servir às ordens dessas sereníssimas
altezas e de vossa excelência ilustríssima. O Senhor me enviou
de fato sua ajuda segundo a minha necessidade.

PARMA, 8 DE NOVEMBRO DE 1627
A um procurador da igreja de São Marcos, Veneza

Meu ilustríssimo e excelentíssimo senhor e patrão estimadíssimo,

Venho até vossa excelência ilustríssima pedir uma licença
de cerca de vinte dias para poder transferir-me até Parma, sob
requisição daquelas altezas sereníssimas, que me honraram em
me encomendar que musicasse uma boa quantidade de versos
que servirão a uma belíssima peça que eles farão representar. Eu
acreditava que, uma vez visto o teatro[180] e respondido a suas
altezas sereníssimas sobre a ordem de pôr em música tais textos,
poderia voltar prontamente.

---

179 Antonio Goretti (c.1570-1649), compositor ferrarês.
180 O teatro estava sendo construído.

Cartas de Claudio Monteverdi

Mas quando cheguei, o ilustríssimo senhor mordomo me pediu insistentemente que ficasse até que tivesse terminado os ditos cinco intermédios para a tal peça, sendo que ainda havia textos a serem escritos. Respondi-lhe que tinha licença de vossas excelências ilustríssimas para somente vinte dias. Esse senhor me respondeu que as sereníssimas altezas teriam escrito pedindo que a licença se prolongasse pelo menos até o final do presente mês, e assim prometi que nesse tempo completaria o trabalho; e eles teriam escrito a vossas excelências ilustríssimas ou a sua serenidade.[181] Respondi-lhe que seria necessário que eu pudesse partir no final do presente mês para encontrar-me em tempo para a missa da noite de Natal em Veneza. Respondeu--me que sim, certamente.

Eu quis informar a vossa excelência ilustríssima de tudo, como igualmente fiz com sua serenidade, para que fiquem informadas detalhadamente sobre minha pessoa. O mordomo me certificou que pelo presente correio as altezas escreverão a Veneza e que a carta expressará o particular desejo que, assim que passarem os primeiros oito dias depois do Natal, me deixem retornar a Parma para executar as obras escritas.

E aqui, fazendo humilíssima reverência a vossa excelência ilustríssima, peço a Deus Nosso Senhor que lhe conceda toda felicidade.

Servidor humilíssimo de vossa excelência ilustríssima
Claudio Monteverdi

---

181 Giovanni Cornaro.

Claudio Monteverdi

VENEZA, 18 DE DEZEMBRO DE 1627
A Alessandro Striggio, Mântua

Meu ilustríssimo senhor e patrão estimadíssimo,

Recebi duas cartas de vossa senhoria ilustríssima em Parma: em uma me ordenava que lhe fizesse chegar a *Armida*, pois assim o desejava o sereníssimo senhor duque, meu senhor, e também que eu fosse até Mântua. Na outra, vossa senhoria ilustríssima me ordenou que eu me empenhasse em lhe procurar um soprano *castrato* entre os melhores. Não respondi nem a uma e nem a outra pois tentava todos os dias voltar para Veneza e, de lá, servi-la.

Há três dias estou em Veneza e, sem tardar, levei a *Armida* para ser recopiada e a enviarei pelo próximo correio. No que diz respeito ao *castrato*, em Parma se encontra o melhor, que é o senhor Gregorio,[182] que serve ao ilustríssimo senhor cardeal Borghese, e somente com grandíssimo esforço conseguiríamos deslocá-lo. Há também o senhor Antonio Grimano, e este tampouco seria possível esperar ter. Há ainda outros dois, também vindos de Roma, que são: um tal *castrato* que canta na São Pedro, mas que não me parece muito bom, pois tem uma voz que parece puxar catarro, não muito clara, melismas duros e pouco trilo. Há também um jovem de cerca de 11 anos; este tampouco me parece ter uma voz agradável, faz alguns melismas e um pouco de trilo, mas possui uma voz um tanto velada. No caso desses dois últimos, caso vossa senhoria ilustríssima deseje, posso tentar alguma aproximação, mas em relação aos outros, acredito que eu não faria nada. Autorizei que lhe contatassem e depois

---

182 Gregorio Lazzarini.

Cartas de Claudio Monteverdi

de meu retorno (se Deus quiser), que será entre o dia 2 ou 3 do próximo mês, informarei melhor a vossa senhoria ilustríssima, pois recebi com atraso as generosíssimas cartas de vossa senhoria ilustríssima.

Sobre a minha ida até Mântua, queira me perdoar porque atualmente minha honra não concede que eu vá, pois meu filho Massimigliano se encontra nos cárceres do Santo Ofício já há três meses. A causa: ter lido um livro que não sabia ser proibido (foi o proprietário do livro, encarcerado da mesma forma, que o acusou), tendo sido enganado pelo proprietário que esse tal livro continha somente medicina e astrologia. Assim que foi encarcerado, o senhor padre inquisidor me escreveu que se eu lhe desse uma caução de 100 ducados como garantia, até que fosse julgada a causa, o teria imediatamente liberado. O senhor Ercole Marigliani, conselheiro, com uma carta, espontaneamente se ofereceu em ajudar meu filho e eu, conhecendo sua bondade, implorei que intermediasse com o padre inquisidor para que aceitasse que a caução fosse retirada de minha renda anual, paga por este sereníssimo príncipe, meu senhor. E sendo passados dois meses sem que eu tenha recebido resposta nem do padre inquisidor nem do senhor Marigliani, recorro com a minha maior reverência à proteção de vossa senhoria ilustríssima, para que intervenha, ao lado do senhor Marigliani, em favor de Massimigliano, vendo como servir seus interesses, pois caso não aceite tal caução, estarei pronto a depositar 100 ducados para que ele seja solto. E isto eu teria já feito, caso tivesse tido resposta do senhor Marigliani.

Assim, sendo que vossa senhoria ilustríssima favorecerá meu filho, como tenho certeza, implorarei a Deus Nosso Senhor

que lhe dê saúde nestas santíssimas festas de Natal e bom ano-
-novo, fazendo-lhe humilíssima reverência ao beijar-lhe a mão.

Servidor gratíssimo de vossa senhoria ilustríssima
Claudio Monteverdi

VENEZA, 1º DE JANEIRO DE 1628
A Alessandro Striggio, Mântua

Meu ilustríssimo senhor e patrão estimadíssimo,

Vossa senhoria ilustríssima me concederá a graça de me perdoar se pelo correio passado não respondi imediatamente à generosíssima e cortesíssima carta de vossa senhoria ilustríssima; a causa foi que o portador de cartas me entregou as minhas somente depois que o correio já havia partido.

Venho então agora, pois não pude antes, render infinitas graças a vossa senhoria ilustríssima pelo grande favor que espontaneamente ofereceu fazer para ajudar aquele pobre desgraçado Massimigliano, meu filho, para que saia daqueles cárceres; favor tão grande que sei nunca poder retribuir, que me fará tão grato que serei obrigado pelo menos a rezar para que Deus a conserve e exalte sempre, assim como a toda sua ilustríssima casa.

Porém, o favor que solicito com o maior afeto da autoridade de vossa senhoria ilustríssima é este: que se digne somente a fazer que o padre inquisidor deixe Massimigliano ir para sua casa, pela caução que ele mesmo me pediu, pois não desejo nada mais da graça de vossa senhoria ilustríssima, porque dei um colar de 100 ducados nas mãos do senhor Barbieri (mercador de joias rico aqui de Veneza, meu compatriota e amigo íntimo

Cartas de Claudio Monteverdi

há muitos anos) para que ele escreva pelo presente correio ao senhor Zavarelli (que tem em mãos o registro dos direitos da sereníssima alteza de Mântua e que tem amizade estreitíssima com o dito senhor Barbieri) para que ele vá até vossa senhoria ilustríssima e faça a caução. Não desejo incomodá-la, nem suplicá-la além disso, que é intervir com o padre inquisidor para que deixe Massimigliano ir para casa. Se ouso demasiadamente na graça de vossa senhoria ilustríssima, culpe a grande necessidade que tenho deste seu favor e também a sua grande generosidade e gentileza, que me deram ânimo para tal ousadia.

Eu soube com extrema dor da morte do sereníssimo senhor dom Vincenzo[183] (que Deus o tenha no céu!), seja pelo particular afeto que eu tinha por todos esses sereníssimos patrões (em particular a esse sereníssimo senhor, por aquele afeto espontâneo com o qual ele se lembrava de minha modesta pessoa, manifestando gosto em me ver e em ouvir minhas humildes composições), seja também porque eu esperava obter de sua bondade o fundo daquela minha pensão ou o equivalente de 100 escudos. E para obter tal graça com maior facilidade, eu me esforçava para economizar um pouco de dinheiro, e para tentar acrescentar um pouco a mais, fui, como assim o fiz, trabalhar pra os sereníssimos de Parma. Mas meu destino, que sempre me é mais contrário que qualquer coisa, no momento mais belo me deu essa grande mortificação. Queira Deus que eu não tenha perdido o patrão e ao mesmo tempo aquele pe-

---

183 O duque Vincenzo II havia falecido dia 25 de dezembro de 1627. Monteverdi aqui usa "dom" no lugar de "duque", demonstrando que, para o compositor, se tratava de um príncipe e não de um duque (como o era Vincenzo I Gonzaga). Depois de duras batalhas de sucessão, o ramo dos Nevers sucederá os Gonzaga.

queno bem que com tanto sacrifício Deus me concedeu. Deus ao qual eu peço e imploro com todo o meu coração para que o novo sereníssimo viva com feliz tranquilidade. Não creio agora e nem nunca que esse senhor justíssimo (estou certíssimo de que o é, sendo ele daquela sereníssima casa) tirasse o que é meu, sobretudo estando eu apoiado sobre a graça de vossa senhoria ilustríssima, a qual espero que, com certeza, será favorável em me ajudar caso seja necessário.

Caro Senhor, me dê uma palavra de consolo sobre esse assunto, pois assim vossa senhoria me dará a vida. E aqui, humildemente lhe faço reverência e peço a Deus com todo o meu coração que lhe conceda felicidade contínua.

Servidor humilíssimo e gratíssimo de vossa senhoria ilustríssima
Claudio Monteverdi

P.S.: Eu disse acima que o senhor Zavarelli irá até vossa senhoria ilustríssima oferecer-se como caução, mas agora volto para dizer que não será mais ele, e sim o senhor Giovanni Ambrogio Spiga, joalheiro de sua alteza sereníssima; ele oferecer-se-á como caução. E, pelo amor de Deus, perdoe-me por tanto incômodo! E novamente lhe faço humilíssima reverência.

VENEZA, 9 DE JANEIRO DE 1628
A Alessandro Striggio, Mântua

Meu ilustríssimo senhor e patrão estimadíssimo,

Recebi de vossa senhoria ilustríssima um favor em tempos nos quais quase não é possível lembrar-se de seus próprios

Cartas de Claudio Monteverdi

parentes;[184] tenho provas que, graças ao bom afeto de vossa senhoria ilustríssima, se dignou em fazer-me uma graça das mais singulares e mais íntimas que eu nunca poderia esperar da minha melhor sorte. Não tenho mérito, pois sou o sujeito mais humilde do mundo, mas recebi de Deus isto: reconheço as minhas dívidas e sua divina majestade, à qual imploro e suplico, não me negará isto, que eu possa pelo menos confessar, se não a puder pagar. Ofereço porém à grande bondade de vossa senhoria ilustríssima aquelas poucas coisas que tenho neste mundo, e meu sangue, além de minhas orações para Deus (mesmo sendo elas fraquíssimas).

O senhor Spiga virá reembolsar vossa senhoria ilustríssima pela caução, pois receberá pelo presente correio a ordem expressa de fazê-lo; de maneira contrária eu me sentiria aflito, não desejando nada mais de sua inata gentileza além de sua proteção, que já é muito. Soube que Massimigliano está fora do cárcere e espero uma carta dele para lhe dar, com minhas cartas, uma lição bem diferente do que ele imagina!

Fico duplamente consolado em saber que estou no caminho certo para obter a minha pensão, sobretudo contando eu com a boa graça de vossa senhoria ilustríssima, a qual peço a Deus que me digne conservá-la; desejando tentar sempre, com todo o meu zelo, mantê-la e conservá-la.

Em dois dias, espero, retornarei a Parma para pôr ordem, para aquelas altezas sereníssimas, nas músicas para o torneio e para os intermédios da peça que será recitada. De lá, se assim o quiser, dar-lhe-ei notícias sobre o sucesso das coisas. De Veneza, pela boca do excelentíssimo senhor procurador Con-

---

184 Uma alusão à difícil situação da sucessão política em Mântua.

tarini, meu senhor, por ser procurador da São Marcos, soube que – sua excelência não somente o pensa, mas o teme – tal matrimônio não se realizará neste Carnaval e nem mesmo em maio (como me foi escrito de Ferrara, que se faria então) e que, talvez, nem se fizesse mais. Contudo, irei organizar aquelas músicas que me foram encomendadas, não devo nada além disso.

Que Deus felicite vossa senhoria ilustríssima enquanto, com todo afeto de meu coração, lhe beijo as mãos e peço para que tenha toda maior felicidade.

Servidor gratíssimo de vossa senhoria ilustríssima
Claudio Monteverdi

PARMA, 4 DE FEVEREIRO DE 1628
A Alessandro Striggio, Mântua

Meu ilustríssimo senhor e patrão estimadíssimo,

A novidade que me foi dada pelo ilustríssimo senhor marquês Enzio,[185] que acaba de chegar a Parma, passando por Mântua, de que vossa senhoria ilustríssima foi nomeada marquês por esse novo sereníssimo senhor,[186] foi-me grata e deleitosa ao coração. Que a infinita gratidão que lhe tenho e terei enquanto estiver vivo, o longo e contínuo amor que sempre me concedeu a graça de fazer-me digno, tendo para comigo contínuos gestos de graças especiais e extraordinárias, a longa servidão

---

185 Enzo Bentivoglio.
186 Carlo Gonzaga de Nevers.

Cartas de Claudio Monteverdi

que sempre professei manter com o desejar ser digno de ser reconhecido por sua graça como real servidor; digam e falem por mim, e sejam testemunhas com vossa senhoria ilustríssima de minha satisfação. Suplico-lhe com o mais insistente afeto que queira se dignar a me manter, no futuro, nesse mesmo estado de graça, assegurando a vossa senhoria ilustríssima que se eu não puder servi-la em mais nada, por ser eu um sujeito modestíssimo, não deixarei de, em minhas humildes preces, rezar ao Senhor para que prospere esta e maiores felicidades, em Sua santa graça.

Quanto me consternou ter recebido novamente a ordem de vossa senhoria ilustríssima para que eu enviasse a *Armida*, por encontrar-me (como me encontro) em Parma, e estando esta *Armida* em Veneza, Deus o diga por mim! Deixei de enviá-la a vossa senhoria ilustríssima no Natal por causa da morte do sereníssimo senhor duque Vincenzo (que esteja na glória!), e nunca teria pensado que a pudesse desejar para este Carnaval. Tal falta de minha parte me aflige extremamente, se vossa senhoria ilustríssima pudesse ver meu coração, acreditar-me-ia. Tal *Armida* se encontra, porém, nas mãos do ilustríssimo senhor Mozenigo,[187] meu afeiçoadíssimo e especialíssimo senhor; pelo presente correio (que parte hoje para Veneza) escrevo com extrema urgência ao dito ilustríssimo senhor para que me honre com uma cópia, e que a entregue ao senhor dom Giacomo Rapallini,[188] mantovano e muito servidor de vossa senhoria ilustríssima, cantor na São Marcos e meu queridíssimo amigo, ao qual agora escreverei fervorosamente para que vá buscá-la

---

187 Girolamo Mocenigo, nobre veneziano.
188 Cantor e capelão.

com o ilustríssimo senhor Mozenigo (seu senhor e por ele muito amado), e que sem intervalo de tempo, se possível, a envie em meu nome a vossa senhoria ilustríssima. E sabendo ser esse cavalheiro disponibilíssimo e o dito senhor Rapallini sendo extremamente desejoso de ser servidor de vossa senhoria ilustríssima, o quanto antes acredito que lhe será enviada.

Aqui em Parma se ensaiam com pressa as músicas por mim compostas, pois estas sereníssimas altezas acreditam que seu sereníssimo matrimônio deveria se realizar muito antes do que está programado, e tais ensaios se fazem também porque se encontram em Parma cantores romanos e modenenses e instrumentistas de Piacenza e de outros lugares. Uma vez que suas altezas sereníssimas terão uma ideia do que eles conseguem fazer e como respondem às necessidades, esperam que na ocasião em poucos dias se consiga levantar tudo. Ficou então combinado que todos retornaremos às nossas casas até um seguro aviso do evento, que deveria se realizar em maio — e sendo que alguns dizem que seja em setembro. Serão duas belíssimas festas: uma peça recitada com intermédios musicais com aparatos cênicos, e não há nenhum intermédio mais curto que trezentos versos, todos com variações de afetos, com textos feitos pelo ilustríssimo senhor dom Ascanio Pii,[189] genro do senhor marquês Enzio,[190] cavalheiro digníssimo e virtuosíssimo; a outra será um torneio, no qual intervirão quatro times de cavaleiros e o mantenedor[191] será o próprio sereníssimo. O texto desse

---

189 Ascanio Pio di Savoia.

190 Enzo Bentivoglio.

191 Cavaleiro que, depois de ter lançado o desafio em um torneio, ficava no campo esperando um eventual adversário para combater.

Cartas de Claudio Monteverdi

torneio foi escrito pelo senhor Aquilini,[192] e são mais de mil versos, belos sim para um torneio, mas para música estão longe de ser satisfatórios: deram-me trabalho em excesso. Agora se ensaiam as tais músicas para esse torneio; nos momentos em que não pude encontrar variação de afeto, tentei variar no modo de concertá-las, espero que agradem.

Pedi ao senhor Barbieri, mercador rico de Veneza, que tentasse restituir a caução a vossa senhoria ilustríssima, feita para Massimigliano; e com tal finalidade lhe entrega em mãos um colar de 100 ducados.

Estou esperando uma resposta e vossa senhoria ilustríssima queira me perdoar pela demora. E aqui, fazendo humilíssima reverência, beijo-lhe a mão e peço a Deus que lhe dê toda felicidade.

Servidor gratíssimo para sempre e humilíssimo de vossa senhoria ilustríssima
Claudio Monteverdi

VENEZA, 1º DE JULHO DE 1628
A Alessandro Striggio, Mântua

Meu ilustríssimo senhor e patrão estimadíssimo,

Compelido pelo incidente que me atormenta a alma, e confiando na infinita bondade de vossa senhoria ilustríssima, venho suplicar-lhe que me honre em ler estas poucas palavras e me ajudar com a sua graça; suplico-lho com as vísceras do coração.

---

192 Claudio Aquillini, poeta e libretista bolonhês.

O incidente é o seguinte: eu acreditava que Massimigliano, meu filho, estivesse livre de sua desgraça e, consequentemente, da caução e também de qualquer outro problema; eis que ele me escreveu, há quinze dias, que, pelo fato da causa daquele infeliz que lhe fez ler aquele livro proibido não ter ainda sido julgada, teme novamente ir para a prisão e não entende por quê, pois já esclareceu que a culpa não foi sua. Então, frente a tal temor, implorei ao senhor Marigliani, meu senhor, que tentasse que meu filho fosse transferido à minha casa. Após essa graça obtida, instruí-me bem sobre o fato e fui ter com os senhores padres inquisidores de Pádua, que me certificaram que meu filho não possui culpa alguma e que não merecia estar na prisão por tempo algum. Mas temendo que ele seja novamente preso, mesmo certificado pelo senhor Marigliani que não, venho suplicar a vossa senhoria ilustríssima que trate sobre essa questão com esse senhor Marigliani e lhe implorar, pelo amor de Deus, que queira me ajudar nesse assunto, considerando que meu filho não somente não cometeu erro algum, mas é mantovano e entrou no colégio dos senhores médicos, e é muito servidor de vossa senhoria ilustríssima.

Suplico a vossa senhoria ilustríssima a desejada graça, enquanto com verdadeiro coração lhe faço humilíssima reverência e peço a Deus que lhe conceda toda verdadeira felicidade.

Servidor gratíssimo de vossa senhoria ilustríssima
Claudio Monteverdi

VENEZA, 8 DE JULHO DE 1628
A Alessandro Striggio, Mântua

Meu ilustríssimo senhor e patrão estimadíssimo,

A necessidade em que me encontro de ter a boa graça de vossa senhoria ilustríssima é tamanha que os supremos favores que recebo me parecem efeitos ordinários (assim quis Deus me posicionar, para minha extrema mortificação, pois o incidente me faz muito temer), não posso porém deixar de reconhecer que vossa senhoria ilustríssima me gratifica e muito me honra. Meu Deus! Tão logo lhe supliquei pelo favor e rapidamente, sem esperar tempo algum, favoreceu-me em gestos e com extrema bondade de alma! Conheço e conhecerei, enquanto viver, minha grande dívida e, não tendo outra maneira de pagá-la, suplico a Deus que me ajude com sua boa graça com vossa senhoria ilustríssima, felicitando-a e elevando-a até os degraus supremos que vossa senhoria queira alcançar, assim como a toda sua ilustríssima casa.

Soube pela sua generosíssima carta que foi pessoalmente falar com o reverendíssimo senhor padre inquisidor (favor de tal modo sublime que me faz enrubescer), o qual respondeu a vossa senhoria ilustríssima que bastava que Massimigliano ficasse dois dias na prisão para que fosse realmente libertado. Eu suspeito, ilustríssimo senhor, e me perdoe se falo assim claramente e com tanta confiança em vossa senhoria ilustríssima, eu suspeito, e meu filho também o suspeita, que ele não irá para a corda e que não receberá uma condenação nem mesmo em dinheiro não ordinária e nem qualquer prisão muito, muito mais longa que dois dias para ser questionado por algo que ele nunca nem mesmo pensou ter feito! Assim, se essa dúvida resultar em algo totalmente contrário, o medo que se concentra em seu espírito muito o aterroriza e, acredite-me vossa senhoria ilustríssima, não há quase nem um dia que ele não chore e não se aflija por tão concentrado pensamento.

O senhor padre reverendíssimo inquisidor me escreveu pelo último correio as seguintes palavras: que se contenta em deixar meu filho estar comigo o quanto eu quiser. O quanto eu quiser?! Eu o quero para sempre! — respondo a vossa senhoria ilustríssima. Se tem essa boa intenção, tendo provado a vida de meu filho por seis meses na prisão, por que não se digna a liberá-lo, tirá-lo (e a mim também) dessa atribulação e deixá-lo exercitar a medicina para sua e minha satisfação?! E se eu tivesse de pagar 20 ou 25 ducados para que ele se lembre dessa pena e não volte mais a ler coisas vãs e impertinentes (mesmo estando eu convencido de que nunca mais tornará a fazê-lo), eu o pagaria com prazer.

Caro senhor, se fosse possível receber tamanha graça, imploro-lhe com todo o meu coração e com toda a alma que deixe que eu possa receber tal graça, pois lhe asseguro que devolverá a vida a mim e ao meu menino, pois, por tal pensamento, sinto minha alma atormentada. Suplico que vossa senhoria ilustríssima me dê esse conforto, pois para mim não pode haver graça maior do que esta. Se os bens deste mundo me são caros, a paz de minha alma e minha própria honra o são muito mais. Suplico que me perdoe por tanto incômodo, enquanto com todo o afeto de meu coração lhe faço humilde reverência e lhe beijo a mão.

Servidor humilíssimo e gratíssimo de vossa senhoria ilustríssima
Claudio Monteverdi

Cartas de Claudio Monteverdi

VENEZA, 23 DE FEVEREIRO DE 1630
Ao marquês Enzo Bentivoglio, Ferrara

Ilustríssimo e excelentíssimo senhor e patrão estimadíssimo,

Recebi a ordem de vossa senhoria ilustríssima com tamanha consideração que venho agradecer a vossa senhoria ilustríssima com todo o afeto de meu coração, pois se dignou dar-me uma prova certa da boa graça com a qual vossa senhoria ilustríssima se digna me amar.

Não pude escrever imediatamente a música para os belíssimos textos que me mandou, pois estava um pouco ocupadinho com músicas eclesiásticas para algumas ilustríssimas senhoras freiras da São Lourenço[193] que me pediram de forma muito insistente. Espero, certamente, mandar a vossa senhoria ilustríssima pelo próximo correio a *canzonetta* que especialmente me pediu; queira Deus que o resultado corresponda à afeição, ao agradecimento infinito e à particular reverência com a qual desejo e sempre desejarei me demonstrar servidor digno da graça de vossa senhoria ilustríssima.

E aqui, inclinando-me com humilde reverência a vossa senhoria ilustríssima, beijo-lhe a mão, pedindo a Deus que lhe conceda toda maior felicidade.

Servidor gratíssimo de vossa senhoria ilustríssima e excelentíssima
Claudio Monteverdi

---

193 Igreja em Veneza.

Claudio Monteverdi

VENEZA, 9 DE MARÇO DE 1630
Ao marquês Enzo Bentivoglio, Ferrara

Meu ilustríssimo e excelentíssimo senhor e patrão estimadíssimo,

Queira me perdoar se demorei um pouco para enviar a vossa excelência ilustríssima a *canzonetta* que se dignou me encomendar, pois, para minha grande desgraça, tive que permanecer na cama por quatro dias por conta de uma perna, e é ainda a mesma perna que em Parma me doía, como o senhor Goretti poderá certificar a vossa excelência ilustríssima.

Queira Deus que eu tenha sabido encontrar seu finíssimo gosto; se assim não o for, queira aceitar a desculpa de que eu não sabia a ocasião para qual escrevi a obra, pois se o soubesse talvez tivesse escrito mais adequadamente. E meu ânimo, com que desejo servi-la integralmente em tudo, virá em minha ajuda, com o qual calorosamente rezo para que vossa excelência ilustríssima tenha a maior felicidade e contentamento, enquanto com o mais vivo coração lhe faço humilíssima reverência e lhe beijo a mão.

Servidor humilíssimo e gratíssimo de vossa excelência ilustríssima
Claudio Monteverdi

VENEZA, MAIO DE 1632
Ao doge de Veneza, Francesco Erizzo

Sereníssimo príncipe, ilustríssimos e excelentíssimos senhores,

Tendo eu, Claudio Monteverdi, servo devotíssimo de vossa serenidade, necessidade de me transferir até Mântua com a boa

Cartas de Claudio Monteverdi

graça e sua licença e dos excelentíssimos senhores procuradores, meus senhores, por um negócio[194] que muito me preme, reverentemente suplico a vossa serenidade e a vossas excelências ilustríssimas que queiram me agraciar com uma carta de recomendação para a minha rápida e favorável expedição, para que o quanto antes eu possa retornar ao meu devotíssimo serviço, que será contínuo por todo o curso de minha vida.

Obrigado etc.

VENEZA, 22 DE OUTUBRO DE 1633
A Giovanni Battista Doni, Roma

Meu muito ilustre e reverendíssimo senhor e patrão estimadíssimo,

Anexada a uma carta gentilíssima do ilustríssimo senhor bispo Cornaro,[195] meu singular senhor e patrão estimadíssimo, enviada a mim de Pádua, havia uma carta de vossa senhoria reverendíssima, a mim dirigida, rica de frutos de honras e tamanhos elogios para com a minha humilde pessoa que fiquei como que maravilhado. Mas, em seguida, considerando que de uma planta virtuosíssima e gentilíssima, como o é a pessoa de vossa senhoria reverendíssima, não poderia nascer fruto que não de tal natureza, silenciei-me; não me julgando digno de receber tal coleção, mas sim digno de conservá-la, em nome dos singulares méritos de vossa senhoria reverendíssima; sabendo que sou sim

---

194 Provavelmente a questão interminável da pensão. Alessandro Striggio havia falecido em 1630, assim como Ercole Marliani, seus dois intermediários e protetores.

195 Marco Antonio Cornaro, bispo de Pádua de 1632 a 1636.

uma planta verde,[196] mas daquela natureza que não produz nada além de folhas e flores sem nenhum odor. Queira, então, aceitar de mim como resposta aos dignos elogios de sua nobilíssima carta, considerando como um grande favor a mim dignar-se em me honrar aceitando-me como seu humilíssimo servidor.

O monsenhor vigário de São Marcos, favorecendo-me em pôr-me a par das nobres qualidades e singulares virtudes de vossa senhoria reverendíssima, notificou-me que vossa senhoria estava escrevendo um livro de música,[197] e sobre isto acrescentei que eu também estava escrevendo um, mas que eu temia que, com minha fraqueza, não conseguiria chegar ao fim. Como esse senhor é muito servidor do ilustríssimo bispo de Pádua, acredito que tenha sido por meio de sua senhoria ilustríssima que soube do meu escrever; do contrário, não sei por qual outra via, e não me preocupo em saber. Mas já que o monsenhor ilustríssimo bispo me dignou em me honrar com a gentileza de vossa senhoria reverendíssima, suplico-lhe que escute também o restante.

Saiba, então, que é verdade que eu escrevo, porém de forma forçada, em razão de um incidente que, já há alguns anos, me obrigou a fazê-lo. Esse incidente foi de tal natureza que me impeliu, sem que eu me desse conta, a prometer ao mundo aquilo que (e somente depois me dei conta) minhas fracas forças não eram capazes de cumprir. Prometi, digo, de fazer noto a um certo teórico da primeira prática[198] em publicação impressa, que

---

196 Jogo de palavras com o sobrenome Monteverdi.

197 *Trattato della musica scenica* [Tratado da música cênica].

198 Giovanni Maria Artusi (c.1540-1613), que atacou vigorosamente diversos madrigais de Monteverdi em seu tratado *L'Artusi overo delle imperfettioni della moderna musica* [O Artusi, ou sobre as imperfeições da música moderna], publicado em duas partes.

havia uma outra prática a ser considerada no que diz respeito à harmonia, por ele não conhecida, por mim chamada de segunda prática; a causa foi que ele tomou gosto em criticar, inclusive em publicações, um meu madrigal,[199] em relação a algumas passagens harmônicas, fundamentado nas razões da primeira prática, ou seja, em regras ordinárias, como se fossem exercícios de solfejo feitas por um menino que estivesse começando a aprender contraponto, e não no conhecimento melódico. Mas, tendo conhecimento de um certo tratado,[200] escrito e publicado por meu irmão, em minha defesa, ele se acalmou de tal forma que, não somente parou de criticar, mas tornou sua pena elogiosa e começou a me amar e estimar. A promessa pública, porém, me obriga a manter a promessa, e é por isto que, forçado, tento pagar a dívida. Suplico-lhe que me perdoe por tamanha ousadia.

O título do livro será este: *Melodia, overo seconda pratica musicale* [Melodia, ou segunda prática musical]. Segunda (como a entendo) considerada como a prática moderna e primeira, como a antiga. Divido o livro em três partes correspondentes às três partes da música: na primeira, trato sobre a oração;[201] na segunda, sobre a harmonia; e na terceira, sobre a parte rítmica. Acredito que esse modo não desagradará o mundo, pois verifiquei na prática, quando escrevi o *Pianto del'Arianna* [Lamento de Ariadne], não encontrando livro nenhum que me ensinasse a via natural da imitação, nem que me iluminasse para que eu fosse imitador — a não ser Platão (por meio de uma luz sua

---

199 *Cruda Amarili*, do Quinto livro de madrigais (1630).
200 A *Dichiarazione* [Declaração], escrita por Giulio Cesare Monteverdi e publicada com os *Scherzi Musicali* [Jogos musicais] em 1607.
201 O texto.

tão escondida que eu pude ver somente de longe, com minha humilde visão, aquele pouco que ele me mostrava) – experimentei, digo, os grandes esforços que tive que fazer para realizar aquelas poucas imitações, e por isto espero que o livro não desagrade. Mas tenha o sucesso que tiver: estou finalmente pronto a me contentar mais em ser pouco louvado por essa nova forma de escrever do que muito louvado pela forma ordinária de fazê-lo; e por essa parte de ousadia peço um novo perdão.

Quanta alegria tive em saber que nos nossos tempos tenha sido descoberto um novo instrumento,[202] Deus o diga por mim, ao qual peço com todo o afeto que mantenha e felicite a virtuosíssima pessoa do senhor inventor, que foi a pessoa de vossa senhoria reverendíssima. Na realidade, por muitas e muitas vezes, pensei comigo nas razões, para encontrá-las, pelas quais, digo, os antigos se fundavam para inventar instrumentos tão diversos, como o fizeram; afinal, são muitos aqueles que usamos e também muitos aqueles que se perderam; e no entanto não há nenhum teórico dos nossos tempos (mesmo tendo se profissionalizado para saber tudo sobre arte) que mostrasse ao mundo um que fosse! Espero em meu livro dizer algo sobre esse assunto, que talvez não desagrade.

Vossa senhoria reverendíssima pode julgar, pela alegria que manifesto, quanto me é caro o favor que por sua gentileza me prometeu, que é de, em tempo útil, favorecer-me com uma cópia dessa leitura tão digna que traz coisas recônditas e novas, por isso suplico-lhe a graça do favor prometido, assim como

---

202 A lyra barberina, inventada pelo próprio Doni, que tinha três séries de cordas afinadas respectivamente nos modos dórico, frígio e lídio, e descrita pelo inventor em um tratado com o nome do instrumento.

lhe suplico que me tenha como seu humilíssimo e agradecido servidor. E aqui, fazendo-lhe humilíssima reverência, com todo o afeto lhe beijo as honradíssimas mãos.

Servidor devotíssimo e gratíssimo
de vossa senhoria muito ilustre e reverendíssima
Claudio Monteverdi

VENEZA, 2 DE FEVEREIRO DE 1634
A Giovanni Battista Doni, Roma

Meu muito ilustre e reverendíssimo senhor e patrão estimadíssimo,

Recebi duas cartas de vossa senhoria reverendíssima: uma antes do Natal, em um momento em que eu me encontrava completamente ocupado em escrever a missa para a noite de Natal, missa que, segundo o costume, se espera seja nova e escrita pelo maestro de capela; a outra, há quinze dias pelo correio, a qual me encontrou em um estado não tão curado de uma inflamação, que logo depois do Natal começou a aparecer em meu olho esquerdo, a qual me manteve por longos dias longe não somente da escritura, mas também da leitura; ainda não me encontro completamente livre dela, pois ela ainda me atormenta. Por esses dois verdadeiros impedimentos venho suplicar a vossa senhoria reverendíssima que perdoe o erro do meu atraso em escrever.

Li há quinze dias, e não antes disso, a primeira cortesíssima e virtuosíssima carta de vossa senhoria reverendíssima, da qual extrai afetuosíssimos ensinamentos, todos dignos de serem considerados por mim, e pelos quais venho lhe render infinitos agradecimentos. Li, não recentemente, aliás, há uns vinte anos, algumas raras observações do Galilei[203] sobre a prática antiga. Foi-me então cara a leitura, por ter visto como os antigos utilizavam seus sinais para a prática, tão diferentes dos nossos, sendo que eu não tentei avançar mais além em compreendê-los, tendo a certeza de que me pareceriam cifras obscuríssimas, e pior ainda, pois a forma antiga de prática se perdeu completamente. Por isso, dirigi meus estudos a outras vias, fundamentando-os nos melhores filósofos observadores da natureza. E porque, segundo o que leio, vejo que se encontram os resultados com as ditas razões e com a satisfação da natureza, enquanto escrevo coisas práticas com as tais observações e sinto realmente que essas presentes regras não têm nada a ver com as tais satisfações; por essa fundamentação, coloquei o nome de segunda prática na capa de meu livro e espero mostrá-la de forma tão clara que não será criticada, e sim considerada pelo mundo. No que escrevo deixo de lado aquele modo utilizado pelos gregos com suas palavras e seus signos, usando as palavras e os caracteres que usamos na nossa prática; pois a minha intenção é mostrar, pela nossa prática, o que eu pude colher da mente daqueles filósofos a serviço da boa arte, e não dos princípios da primeira prática, exclusivamente harmônica. Se Deus quisesse que eu estivesse perto da singular amabilidade e singular prudência e conselhos de vossa senhoria reverendíssima, lhe diria tudo pessoalmente, suplicando-lhe que em tudo me ouvisse, dir-lhe-ia sobre o todo, sobre as ordens, os princípios e as divisões das partes de meu livro, mas a distância me proíbe de fazê-lo.

---

203 Vincenzo Galilei, filho do célebre Galileu, aluno de Zarlino; se empenhou em entender como teria sido a música na Grécia antiga. Escreveu o *Dialogo della musica antica e della moderna* [Diálogo da música antiga e da moderna], publicado em Florença em 1581.

Cartas de Claudio Monteverdi

Pela graça especial recebida pela suma bondade da santíssima virgem no ano contagioso de Veneza,[204] fiz o voto de ir até a santíssima Casa de Loreto; espero no Senhor que em breve me libere dessa obrigação, e na qual ocasião terei que ir a Roma (que assim queira o Senhor) a fim de poder me apresentar pessoalmente como servidor de vossa senhoria reverendíssima e gozar da vista e do nobilíssimo som de seu nobilíssimo instrumento e receber a honra de seus virtuosíssimos discursos. Eu o vi desenhado em um pequeno papel que vossa senhoria me enviou, o qual em vez de aplacar a minha curiosidade, fê-la aumentar.

E porque na dita segunda carta me ordena que eu trate com Scapino[205] para que eu possa mandar a vossa senhoria reverendíssima os desenhos de seus muitos instrumentos extravagantes que ele toca, tendo eu grande desejo em encontrar a ocasião para servi-la, ainda não o pude, porém, fazer, pois ele recita em Módena e não em Veneza, por isto senti muita tristeza. Usei porém de alguma diligência com alguns amigos que pelo menos me descrevessem aqueles dos quais podiam se lembrar; assim eles me deram o pedaço de papel que agora envio a vossa senhoria reverendíssima. Não deixei de escrever a um amigo para que conseguisse desenhos dos instrumentos diferentes dos que usamos. Eu nunca os vi, mas, da tal pouca informação que mando, parece-me que sejam novos na forma, mas não na harmonia, pois todos caem nas harmonias dos instrumentos que usamos.

---

204 O ano da peste, de meados de 1630 a 1631, peste que levou Alessandro Striggio.

205 Francesco Gabrielli, chamado Scapino, ator e músico.

Aquele que vi, já há trinta anos, em Mântua, tocado e feito por um tal árabe que em tal ocasião vinha da Turquia (e que estava hospedado na corte da então alteza de Mântua, meu senhor) era uma cítara, do tamanho das nossas, afinada como as nossas e utilizada da mesma forma, a qual tinha esta diferença: que o tampo desta era feito metade de madeira (na parte em direção ao braço) e metade de pele de carneiro na parte inferior, bem puxada e colada em volta do círculo da cítara; as cordas eram fixadas no círculo de baixo e se apoiavam em um *ponticello* posto no meio dessa pele de carneiro; o dedo mindinho da mão do plectro quando tocava as cordas fazia vibrar a pele de carneiro e os sons saíam com um trêmulo que dava um efeito agradabilíssimo. Não ouvi nada mais novo que isto, de que eu gostasse. Ficarei atento e, se me aparecer algo que possa lhe agradar, não deixarei de rapidamente lhe enviar um esboço.

Suplicando-lhe que me conserve servidor em sua boa graça, enquanto reverentemente lhe beijo a mão com todo o afeto e peço a Deus Nosso Senhor que lhe conceda toda maior felicidade.

Servidor devotíssimo de vossa senhoria muito ilustre e reverendíssima
Claudio Monteverdi

VENEZA, 9 DE JUNHO DE 1637

Aos procuradores da igreja de São Marcos, Veneza

Ilustríssimos e excelentíssimos senhores e patrões estimadíssimos,

Eu, Claudio Monteverdi, maestro de capela da São Marcos, humilíssimo servo de vossas excelências e da sereníssima república, venho humildemente em vossa presença expor que Dome-

Cartas de Claudio Monteverdi

nico Aldegati, cantor na São Marcos, baixo, ontem de manhã, que foi o dia 8 do presente mês de junho de 1637, frente à grande porta dessa igreja, na hora do maior concurso do povo e quando havia o maior número de cantores e instrumentistas – estava presente inclusive um tal Bonivento Boniventi, músico, que estava distribuindo aos cantores e instrumentistas certo dinheiro que lhe havia sido dado pelas ilustríssimas senhoras freiras de Santo Daniele, pela função da Véspera que fizeram antes que levassem em procissão o corpo de Santo Giovanni, duque de Alexandria –, talvez tenha sido esta a causa, pois a ele não era devido dinheiro algum, ou talvez sua parte fosse inferior à dos outros (o que eu não sei, pois nunca me meto nas questões de dinheiro dos cantores), contra qualquer razão ou justiça, não respeitando o cargo que tenho na sereníssima república, nem a minha idade, nem meu sacerdócio, nem a honra de minha casa e de minha virtude, mas incitado por uma vontade de fazer mal, todo tomado pela fúria e em voz alta e estrondosa, depois de alguns pequeno gritos com a minha pessoa, ao ponto de se formar um semicírculo de mais de cinquenta pessoas, parte dos quais era de estrangeiros, entre os quais os presentes estavam:

    – o senhor Giovanni Battista, chamado o bolonhês, cantor da capela;

    – senhor Gasparo Zerina, de Brescia e que toca contrabaixo;

    – senhor Alovigi Lipamani;[206]

    – senhor dom Anibale Romano, cantor de capela;

    – senhor Giovanni Battista Padoano, que toca trombone.

E o dito senhor Bonivento Boniventi, que distribuía o dinheiro; disse[207] as seguintes palavras (como bem podem confir-

---

206 Contrabaixista até 1642.
207 Domenico Aldegati.

mar algumas das ditas testemunhas): "o maestro de capela é de uma raça enganadora, é um ladrão sujo e fodido"[208] — com muitas outras injúrias facínoras, e depois completou: "e eu enrabo a ele e a quem o protege. E para que todos me entendam, eu digo ser esse ladrão sujo e fodido Claudio Monteverdi. Bonivento, digo-lho para que lhe vá contar de minha parte".

Venho então aos pés de vossas excelências lhes suplicar, não como Claudio Monteverdi sacerdote (pois, como tal, eu o perdoo em tudo e rezo para que Deus faça igualmente), mas como maestro de capela, cuja autoridade, que deriva da mão real da serreníssima república, não quero consentir que fique de tal maneira destroçada e injuriada, nem minha virtude, nem a honra de minha casa, que se protege baixo à serreníssima mão desta serreníssima república, mas que sirva de exemplo para os outros cantores, que fiquem nos termos honrosos para com cada um, especialmente para com quem tem o nome de maestro de capela. De outra maneira, serei obrigado por minha honra, para evitar que uma segunda vez, pela boca dele ou de algum de seus pares, o incidente se repita, a pedir uma boa licença para ir baixo a proteção de meus bens, que me foram deixados por meus antecessores, modestos sim, mas suficientes para me manter longe de incidentes similares e ocasiões licenciosas; e aqui, esperando que justo seja meu pedido, me inclino até o chão.

Eu, Claudio Monteverdi,
escrevo e suplico que não seja feito dano à vida deste.

---

208 São literalmente termos ofensivos os citados por Monteverdi: *fotuto* e, logo depois, *inculo.*

Cartas de Claudio Monteverdi

VENEZA, AGOSTO DE 1643 (?)

Ao doge de Veneza, Francesco Erizzo

Sereníssimo príncipe,

Vossa serenidade se dignou, por excesso de bondade, no ano de 1632 em dar a mim, Claudio Monteverdi, humilíssimo e devotíssimo servo de vossa serenidade, a graça das cartas de recomendação ao finado sereníssimo duque Carlo de Mântua, para que pudesse obter uma doação feita à minha pessoa pelo senhor duque Vincenzo I, das quais aquelas altezas ordenaram a imediata execução. Mas, diferida pelos ministros e perturbada por sua morte, não pôde ter o cumprimento desejado e que me era devido. Por isso, resolvi recorrer novamente à suprema proteção e incomparável bondade de vossa serenidade, humilissimamente suplicando-lhe que se digne a agraciar-me com novas cartas de recomendação com a atual sereníssima princesa,[209] para que eu possa obter aquilo que me foi concedido pela bondade daquele príncipe; o que confio poder mais rapidamente obter mediante a benigna graça de vossa sereníssima, da qual unicamente reconhecerei tanto bem. E frente a vossa serenidade, humilíssimo, inclino-me.

Obrigado etc.

---

209 Maria Gonzaga, filha do duque Francesco Gonzaga e regente de Mântua depois da morte de Carlo de Nevers.

Índice dos destinatários[1]

Bentivoglio, Enzo (1575-1639): arquiteto e conselheiro da corte de Ferrara, responsável pela construção do Teatro Farnese na mesma cidade. Organizador de eventos e espetáculos teatrais na Accademia degli Intrepidi.

Chieppio, Annibale (1563-1623): secretário do duque de Mântua, em seguida ministro de Estado e contemplado com o título de conde.

Doni, Giovanni Battista (1594-1647): estudioso de teoria musical, musicólogo, especialmente da música da Grécia antiga. Ficou conhecido por seus escritos teóricos como *Lyra Barberina* (no qual explica a criação de um instrumento de mesmo nome) ou ainda o *Trattato della musica scenica* (no qual discorre sobre o estilo representativo).

---

1 Os nomes dos destinatários que aparecem efetivamente em poucas cartas foram em grande parte atribuídos por Éva Lax (edição italiana) e Denis Stevens (edição norte-americana) graças basicamente às fórmulas de tratamento utilizadas por Monteverdi.

Erizzo, Francesco (1566-1646): doge de Veneza entre 1631 e 1646.

Gonzaga, Caterina Medici (1593-1629): duquesa, esposa de Ferdinando Gonzaga.

Gonzaga, Ferdinando (1587-1626): filho de Vincenzo I Gonzaga e Eleonora de' Medici. Poeta e músico diletante. Se torna o sexto duque de Mântua em 1612, após a morte do irmão Francesco.

Gonzaga, Francesco (1586-1612): filho primogênito de Vincenzo I, coroado quinto duque de Mântua após a morte do pai em janeiro de 1612 e morre no mesmo ano de varíola. Foi o responsável pela demissão dos irmãos Monteverdi (Claudio e Giulio Cesare).

Gonzaga, Vincenzo I (1562-1612): o quarto duque de Mântua, grande patrono das artes, levando para a corte de Mântua artistas como Monteverdi, Tasso, Rubens e outros nomes fundamentais. Promoveu a realização de peças de teatro, intermédios, torneios, balés e os primeiros experimentos operísticos da cidade de Mântua. Com ele, Mântua conheceu seu esplendor.

Gonzaga, Vincenzo II (1594-1627): terceiro filho de Vincenzo I, nomeado cardeal aos 20 anos, mas abandonou a vida eclesiástica para se casar com Isabella di Novellara (Isabella Gonzaga). Foi o sétimo duque de Mântua e morreu um ano após sua coroação.

Iberti, Annibale: conselheiro ducal em Mântua durante a ausência de Alessandro Striggio. Mais tarde se torna embaixador em Milão e Madri.

Marliani, Ercole (1580-1630): secretário ducal e poeta e libretista diletante, autor de peça e um libreto musicado por Giulio Cesare Monteverdi.

Orsini, Paolo Giordano II (1600-1656): duque de Bracciano, patrono interessado em literatura e música, músico diletante.

Striggio, Alessandro Jr. (c.1573-1630): filho do compositor e diplomata Alessandro Striggio, seguiu também carreira diplomática em Milão, Espanha e Roma, tornando-se posteriormente em Mântua mordomo da Corte e presidente do Magistrado. Trabalhou para os cinco duques mantovanos, por isso recebendo de Carlo di Nevers, em 1628, o título de marquês e grande chanceler. Foi poeta e libretista do seminal *Orfeu*, musicado por Monteverdi. Fica claro pelas cartas que se trata do maior protetor de Monteverdi com os Gonzaga, especialmente depois da morte de Vincenzo I, além de um amigo e confidente. Alessandro Striggio Jr. morreu em Veneza, vítima da peste de 1630.

Índice onomástico

Achillini, de Claudio, 185 n.178, 197

Aldegati, Domenico, 210, 211 n.207

Amigoni, Giovanni, 77, 79

Andreini, Giovanni Battista, 122-3

Andromeda, 58-9, 64 n.50, 71, 73, 80 n.63

Anselmi, Pavolo, 110-1

Arianna, X, XIII, 35, 43-4, 48, 52 n.44, 71, 94, 96-7, 99, 102, 104, 152, 155 n.147

Armida, 181, 188, 195

Artusi, Giovanni Maria, IX, 204 n.198

Badoaro, Giacomo, XIII

Baldassare, Francesco, IX-X, 8 n.7, 23 n.21, 24, 26, 27, 61, 106

Ballo delle ingrate, 52 n.44, 155 n.147

Bargnani, Ottavio, 130-2

Baroni, Muzio,135

Basile, Adriana, 24 n.24, 26, 43, 49, 91, 93, 135, 154 n.146

Basile, Giambattista, 91 n.76

Basile, Margherita, 43 n.33, 154, 158, 161, 167, 169

Bassani, Orazio, 14

Battista, Giovanni, 8, 38 n.29

Bembo, Giovanni, 54 n.46

Benintendi, Ottavio, 5, 6

Bentivoglio, Enzo, 172, 174, 180, 182, 184, 194, 196, 201-2, 215

Bisucci, Giovanni Battista, 162 n.153, 211

Boito, Arrigo, XIV

Boniventi, Bonivento, 211-2

Borea e Orizia, 118

Bruschi, Francesco, 148

Caccini, Francesca, 24 n.23

Caccini, Giulio, 24 n.23, 44 n.38, 93 n.81, 177 n.170

Caccini, Settimia, 24 n.23, 93, 177

Calligari, Antonio, 94 n.83, 96, 133

Campagnolo, Francesco, 12, 91, 137, 149

Cassola, Bassano, 10, 91

Cattaneo, Cesare, 121 n.102

Cattaneo, Claudia, VIII, 5, 12-3, 15, 121 n.102, 144

Cattaneo, Giacomo, 109 n.91, 139 n.130

Cecchini, Pier Maria, 123, 126

Chieppio, Annibale, 11, 215

Combattimento di Tancredi con Clorinda, XII, 152

Contarini, Federico, 54 n.47, 194

Cornaro, Giovanni, 179, 187 n.181

Cornaro, Marco Antonio, 86 n.67, 95 n.84, 203

Corner, Giovanni, 54 n.47

Cruda Amarili, 205 n.199

D'Annunzio, Gabriele, VII

d'Este, Cesare I, 137 n.127

d'India, Sigismondo, 177

da Gagliano, Marco, 15, 161 n.151

da Palestrina, Giovanni Pierluigi, 14

Damascene, Alessandro Peretti, 25, 44, 117-8, 120

de Asburgo, Ferdinando II, 164 n.156

de Nevers, Carlo Gonzaga, 194 n.186, 213 n.209, 217

de Rore, Cipriano, 89

de Savoia, Margherita, X, 13 n.12

de Torri, Carlo, 41

de Wert, Giaches, VIII, 3-4

de' Belli, Ippolito, 139 n.129, 143

de' Medici, Cosimo II, 52 n.45

de' Medici, Eleonora, 66 n.53, 216

di Monte, Filippo, 14

di Savoia, Ascanio Pio, 172 n.161, 180 n.174, 196

Diana e Venere, 172 n.161

Didone, 180, 185

Dognazzi, Francesco, 44, 86, 112-3

Donati, Ignazio, 135

Doni, Giovanni Battista, XII, 203, 206 n.205, 207, 215

Égloga de Apolo, 66, 77, 82 n.65, 87 n.68, 109

Erizzo, Francesco, 202, 213, 216

Fabbri, Paolo, XVI

Farnese, Margherita, 172 n.162

Farnese, Odoardo, 174 n.163

Ferdinando II, 175 n.166

Follini, Federico, 12, 15

Foscarini, Giovanni Battista, 158

Gabrielli, Francesco, 209

Galilei, Galileu, 208 n.203

Galilei, Vincenzo, 208 n.203

Gardano, Angelo, VIII n.4

Gerusalemme liberata, XIII, 152 n.144, 181 n.175

Ghivizzani, Alessandro, 177

Giacomo, Massimiliano, XI, 8 n.7, 106, 117 n.98, 120, 146 n.137, 149-50, 189-91, 193, 197-9

Giustiniani, Lorenzo, 122, 124-6, 128-9

Gonzaga, Caterina Medici, XI, 51 n.43, 65 n.52, 93 n.82, 99, 115, 117, 119-21, 216

Gonzaga, Ferdinando, XI-X, 10, 23, 25, 33, 35, 40, 57 n.43, 65 n.52, 66, 116 n.97, 127 n.112, 135-6, 216

Gonzaga, Francesco, X, 13 n.12, 27, 213 n.209, 216

Gonzaga, Maria, 213 n.210

Gonzaga, Vincenzo I, VIII, X, XI, 3, 5, 7, 9, 22, 24, 33-7, 58, 60, 64, 66, 76, 81, 83, 104, 144 n.137, 191 n.184, 213, 216-7

Gonzaga, Vincenzo II, 71-2, 140 n.131, 148, 175, 176 n.168, 191, 195, 216

Goretti, Antonio, 186, 202

Grillo, Giovanni Battista, 130 n.116

Grimano, Antonio, 188

Iberti, Annibale, 9, 29, 37, 39, 216

Ingegneri, Marc'Antonio, VIII

La coronazione di Poppea, XIII

Lamento d'Apollo, 70, 73, 75, 96

Landi, Antonio, 54 n.47, 92

Lax, Éva, XV, XVI, 215 n.1

Lazzarini, Gregorio, 188

Le nozze di Tetide, 41, 45, 48

Le tre costanti [As três constantes], 115

Licori, finta pazza innamorata d'Aminta, 152-3, 157, 159-60, 162, 164-6, 168, 170-1, 173, 179

Lipamani, Alovigi, 211

Londron, Paris, 136 n.125

Marenzio, Luca, 14

Marliani, Ercole, 64-5, 71, 76, 80, 115-6, 118-9, 139, 142-3, 145, 147, 177, 189, 198, 203 n.195, 217

Martinelli, Tristano, 123

Melissa e Bradamante, 185

Melodia, overo seconda pratica musicale, 205

Mercurio e Marte, 185 n.179

Mersenne, Marin, XII

Mocenigo, Girolamo, 160, 195-6

Monteverdi, Giulio Cesare, IX-X, 8, 27, 205 n.200, 216

Narciso, 155, 157

Odisseia, Il ritorno d'Ulisse in Patria, XIII

Oitavo livro: madrigais guerreiros e amorosos, XII-XIII, 152 n.144

Orfeu, IX, X, 16, 43-4, 217

Orlandi, Sante, 90-1

Orsini, Paolo Giordano II, 68-9, 73, 84, 217

Padoano, Giovanni Battista, 211

Pallavicino, Benedetto, 3-4

Peri, Jacopo ("Zazerino"), 104

Petratti, Francesco, 69 n.56

Pianto del'Arianna, 205

Platão, 42, 205

Priuli, Antonio, 81 n.64

Ramponi, Virginia, 122-4

Rapallino, Giacomo, 156-7, 160-1, 164, 195-6

Rasi, Francesco, 44
Rinuccini, Ottavio, X, 52, 155
Romano, Anibale, 211
Rosand, Ellen, XIII
Rossi, Nicolò, 164, 166 n.157
Rovigo, Francesco, 4, 14
Russo, Annonciade, XV
Sacrae cantiunculae tribus vocibus,
    VIII n.4
Sagredo, Nicolò, 54 n.47
Scotti, Fabio, 184 n.177
Segismundo III, 138 n.128, 163
    n.154
Selva morale e spirituale, XIII
Settimo libro dei madrigali, XI, 65
    n.52, 67 n.55, 100
Sirena, Galeazzo, 18-21
Sordi, Camillo, 37 n.28, 47, 53, 55
Spiga, Giovanni Ambrogio, 192-3
Stevens, Denis, XV, 215 n.1
Striggio, Alessandro, IX, XI-XII,
    4, 16, 18, 34, 41, 45, 47,
    50-1, 53-4, 56-7, 61, 63, 65,
67, 70, 72, 75, 77, 79, 81, 83,
85, 88, 94, 96-8, 100-1, 103,
105, 107, 109-14, 122, 125-
6, 128-9, 132-4, 138, 146,
149-51, 153, 156, 159-60,
162-3, 165-6, 168, 170-1,
173, 178-9, 181, 183, 188,
190, 192, 194, 197, 199, 203
n.194, 209 n.204, 216-7
Strozzi, Barbara, 152 n.145
Strozzi, Giulio, XII, 152-3, 157,
    159-62, 164-8, 170
Taroni, Antonio, 163
Tasso, Torquato, XIII, 152, 172
    n.161, 181 n.175, 216
Verdi, Giuseppe, XIV
Vésperas da Beata Virgem, X
Virgílio, 46
Wake, *Sir* Isaac, 168 n.160
Wilhelm, Wolfgang, 168 n.159
Willaert, Adrian, 89
Zarlino, Gioseffo, 89
Zerina, Gasparo, 211

SOBRE O LIVRO

Formato: 14 x 21 cm
Mancha: 23 x 44 paicas
Tipologia: Venetian 301 12,5/16
Papel: Pólen Soft 80 g/m² (miolo)
Cartão Supremo 250 g/m² (capa)
1ª *edição*: 2011

EQUIPE DE REALIZAÇÃO

Edição de Texto
Frederico Ventura (Preparação de original)
Tatiana Valsi (Revisão)

Capa
Andrea Yanaguita

Editoração Eletrônica
Eduardo Seiji Seki (Diagramação)

Impressão e Acabamento

FARBE DRUCK

gráfica e editora ltda.